高等职业教育铁道供电技术专业系列教材

铁路供电系统继电保护及自动装置

孔　瑾◎主　编
窦　雯　牟　黎◎副主编
赵永君◎主　审

中国铁道出版社有限公司

2025 年·北　京

内 容 简 介

本书为“高等职业教育铁道供电技术专业系列教材”之一，采用情境教学、任务驱动模式，基于工作过程的教学体系，结合铁路供电系统继电保护与自动装置的概念、结构、原理、功能，以及实际应用编写而成。全书共七个项目，包括继电保护的基本知识、输电线路的电流保护与电压保护、输电线路的距离保护、自动装置、牵引变压器的保护、牵引网的保护和微机继电保护装置。本书在阐述继电保护与自动装置原理和技术的同时，密切结合实际，内容系统、实用性强、通俗易懂，理论学习与实践操作并重。

本书适合作为高等职业院校铁道供电技术专业的教材，也可作为轨道交通行业从事继电保护运行、维护人员的参考书。

图书在版编目(CIP)数据

铁路供电系统继电保护及自动装置 / 孔瑾主编. 北京 ：中国铁道出版社有限公司，2025. 2. --（高等职业教育铁道供电技术专业系列教材）. -- ISBN 978-7-113-31858-1

Ⅰ. U223. 6

中国国家版本馆 CIP 数据核字第 2024X5F205 号

书　　名：铁路供电系统继电保护及自动装置

作　　者：孔　瑾

责任编辑：尹　娜　　**编辑部电话：**(010)51873206　　**电子邮箱：**624154369@qq.com

封面设计：郑春鹏

责任校对：苗　丹

责任印制：高春晓

出版发行：中国铁道出版社有限公司(100054,北京市西城区右安门西街8号)

网　　址：https://www.tdpress.com

印　　刷：北京联兴盛业印刷股份有限公司

版　　次：2025年2月第1版　2025年2月第1次印刷

开　　本：787 mm×1 092 mm　1/16　**印张：**11.25　**字数：**267千

书　　号：ISBN 978-7-113-31858-1

定　　价：43.00元

前 言

继电保护与自动装置是电气化铁路供电系统中的重要组成部分,“铁路供电系统继电保护与自动装置”是铁道供电技术专业的一门专业核心课程。本书面向高等职业教育教学发展的需求,根据铁路牵引供电系统继电保护应用的技术装备实际情况进行编写。

本书结合我国铁路供电系统继电保护与自动装置的实际技术发展情况,注重体现职业教育的特点,采用专业理论和实践技能“一体化”的编写理念,重点培养学生的理论与实践相结合的能力。本书共七个项目:项目一介绍继电保护的基本知识;项目二介绍输电线路的电流保护与电压保护;项目三介绍输电线路的距离保护;项目四介绍自动装置;项目五介绍牵引变压器的保护;项目六介绍牵引网的保护;项目七介绍微机继电保护装置。每个项目由2~4个任务组成,以工作任务驱动课程教学。通过任务的完成,让学生掌握铁路供电系统继电保护与自动装置的专业知识与技能。

本书由山东职业学院孔瑾任主编,由中国铁路济南局集团有限公司济南供电段窦雯、国家电网技术学院牟黎任副主编,本书的结构设计还得到乌拉尔国际轨道交通学院安德烈·耶维奇的帮助。具体编写分工如下:项目一、项目二、项目三、项目五中的任务二、三、四和项目六由孔瑾编写,项目五中的任务一、项目四由窦雯编写,项目七由牟黎编写。全书由山东职业学院赵永君教授任主审。

由于编者水平有限,书中难免存在不足之处,恳请广大读者批评指正。

编　者

2024年5月

目录

项目一

继电保护基本知识

素养园地

守牢电网安全“生命线”

供电系统是人类创造的最复杂的工业系统之一，保障其安全稳定运行，是一个世界级难题。继电保护是保障供电系统安全稳定运行的第一道防线，继电保护设备就是电网的“贴身保镖”。

进入21世纪以后，我国逐步建成世界上电压等级最高、输送距离最远、交直流混联的特大型复杂电网。电网故障全局化特征凸显，对传统保护技术形成挑战。“面对机遇与挑战，我们要按照电网发展的规律，一步一步去研究探索，破解难题。”我国继电保护科研人员是这么说，也是这么做的。

科研人员经过数年持续攻关，成功攻克了交直流混联电网、新能源大规模接入电网的继电保护关键理论技术难题，创立了适应复杂电网故障暂态特性演化的差动保护技术体系，主持研制了系列差动保护装置，推动我国电网完成以差动保护为主保护的升级换代，实现了继电保护技术的中国引领。

截至2024年，差动保护项目成果已广泛应用于我国220～1 000 kV各电压等级电网，涵盖新一代调相机组工程、海上风电工程，以及川藏联网等重要工程，产品出口至数十个国家和地区。我国复杂电网要求的进口保护装置被批量替换。

科技兴则民族兴，科技强则国家强。我国科技工作者以习近平新时代中国特色社会主义思想为指导，大力弘扬科学家精神，以舍我其谁的担当、敢为人先的勇毅，以十年磨一剑的韧劲、“一辈子办成一件事”的执着，加大创新创效，加快攻关高精尖技术，更好发挥科技创新、产业控制、安全支撑作用，为以中国式现代化全面推进强国建设、民族复兴做出更大贡献。

感想领悟：

学习目标

1. 能力目标

(1)能正确区分供电系统的运行状态。

(2)能正确说明继电保护的类型。

(3)能够说出继电保护在系统中的作用。

(4)能正确判断系统中继电保护的选择性。

(5)能够判断不同保护的灵敏性参数。

(6)能够说明电磁型继电器的分类与参数。

2. 知识目标

(1)掌握继电保护的工作原理。

(2)掌握供电系统对继电保护的基本要求。

(3)掌握继电保护的电磁型继电器的文字与图形符号。

3. 素质目标

(1)具有爱岗敬业、艰苦奋斗的劳模精神。

(2)具有一丝不苟、精益求精、追求卓越的工匠精神。

(3)具有安全至上、确保安全的安全意识。

继电保护是供电系统的重要组成部分,对保证供电系统的正常运行,防止事故发生或扩大起到重要作用。继电保护通过预防事故或缩小事故范围来提高系统运行的可靠性,最大限度地保证向用户安全连续供电。

本项目将学习继电保护的基础知识,分别介绍继电保护的定义、作用、基本原理、组成、分类和要求;继电器的定义与分类,电磁型继电器的结构组成、结构类型与工作原理;常用电磁型电流、电压、时间、中间、信号继电器的用途、结构与原理、技术参数及使用维护等内容。

任务一　继电保护的含义与作用

任务描述

本任务主要分析供电系统的运行状态,能够准确说出继电保护在系统中的作用。

任务资讯

一、电力系统的运行状态

电力系统的运行状态分为正常运行、不正常运行和故障3种。

(1)电力系统的正常运行状态:指电力系统的电压、波形、频率等都在标准要求的范围内,电气参数、电能质量符合规定要求,电力系统有较高的可靠性和经济性的运行状态。

(2)电力系统的不正常运行状态:指电力系统中的电气元件的正常工作遭到破坏,但没有发生故障的运行状态,如过负荷、频率降低、过电压、电力系统振荡等。

(3)电力系统的故障状态:指系统或者其中一部分的正常工作遭到破坏,并造成对用户少送电或电能质量降低到设备不能正常工作,甚至造成人身伤亡和电气设备损坏,包括各种短路和断线,其中最常见同时也最危险的故障是发生各种类型的短路。

短路故障是指不同电位导电部分之间的不正常短接或者带电部分与大地之间短接。短路故障通常分为三相短路故障、两相相间短路接地故障、两相接地短路故障、单相接地短路故障,见表1-1-1。

表1-1-1　短路的基本类型示意

短路类型	示意图	网络特点
三相短路	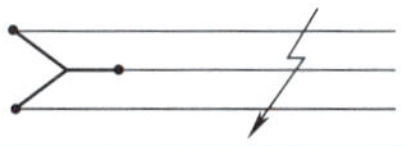	三相在同一处发生短接,网络三相对称
两相相间短路接地		任意两相在同一处发生短接,短路点三相不对称
两相接地短路	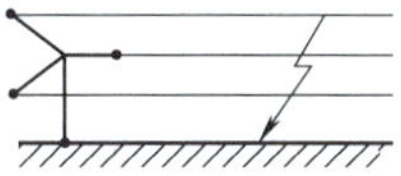	在中性点接地系统中,任意两相接地,短路点三相不对称
单相接地短路		在中性点接地系统中,任一相与地短接,短路点三相不对称

系统发生短路时,短路电流可达数千安培到数万安培,远远超过导线和设备所允许的电流限度,会造成电气设备过热或烧毁,甚至引起火灾。短路的严重后果主要有以下几个方面:

①影响工农业和交通运输业的正常生产。如接触网短路,电力机车无法运行,造成电气化铁路运输中断,同时变电所母线电压降低,影响对电力用户正常供电。

②使电气设备损坏或缩短寿命。铁路供电系统出现短路时,不但短路点产生电弧,而且短路回路电流急剧增大,使电气设备严重发热,并承受巨大的电动力,遭受损坏或缩短寿命。

③破坏电力系统运行的稳定性。双电源之间某点发生短路时,可能引起电力系统解裂,影响整个电力系统的正常运行。

当电力系统发生各种类型的短路故障时,就需要有相应的继电保护及测控装置及时将故障元件从系统中切除,并保护其他相关电气设备。

二、继电保护的作用

继电保护对保证电力系统正常运行是非常重要的,其作用如下:

(1)当电力系统发生故障时,自动、迅速、有选择性地将故障元件从电力系统中切除,使故障元件免于继续遭到破坏,保证其他无故障元件迅速恢复正常运行。

(2)反映电气元件的不正常运行状态,并根据不正常运行的类型和电气元件的维护条件发出信号,由运行人员进行处理或自动进行调整。

(3)继电保护装置还可以和电力系统中的其他自动装置配合,在条件允许时,采取预定措施,缩短事故停电时间,尽快恢复供电,从而提高电力系统运行的可靠性。

针对各种故障与不正常运行状态，电力系统继电保护装置就是能反映电力系统中电气元件的故障或不正常运行状态，并动作于断路器跳闸或发出信号的一种自动装置。即当发生故障时，继电保护装置应可靠而迅速地动作；当处于不正常运行状态时，继电保护装置应发出相应的报警信号。

由此可见，继电保护是保证电力系统安全运行和提高供电质量的重要手段。

任务实施

阅读以下供电系统故障案例，准确说明案例中出现的系统运行状态，以及继电保护在此过程中承担的作用。

某日检修人员处理某变电站主变压器冷却器控制箱内接触器 C 相接头过热的缺陷时，拉开控制箱内Ⅰ、Ⅱ段联络开关，验电后，又合了一次联络开关，2～3 台冷却器同时投入，主变压器重瓦斯动作，1 号主变压器跳闸。故障后，经检查气体继电器（也称瓦斯继电器）中无气体，色谱分析无异常，其他保护未动作，判断为非主变压器本体故障。检查油枕胶囊密封良好，二次回路及气体继电器均无异常，气体继电器流速整定值为 1.2 m/s。为进一步查找原因，在现场模拟检修时，冷却器运行方式和不同组合多台冷却器的同时启动方式，进行了求证试验。结果表明：同时启动不对称 2 组及以上冷却器时，产生油流涌动，有可能造成重瓦斯保护动作。

任务实施步骤
1. 接受任务,学习任务资讯,搜索并查阅与之相关的拓展文献资料。 2. 根据老师分配的小组,和组员一同完成任务:讨论供电系统故障案例中出现的系统运行状态。 3. 小组内讨论,并总结继电保护在该案例故障发生的过程中如何工作及其所起作用。 4. 各小组之间交叉进行检查并讨论,提出意见。 5. 填写"项目评价表":老师检查小组与个人完成的任务,提出意见并根据"项目评价"中的"评分标准"给出成绩
实施记录:
小组意见与老师意见记录:

任务二　继电保护的原理与分类

任务描述

本任务主要分析继电保护的工作原理,以及继电保护的类型。

继电保护装置的分类(1)

任务资讯

一、继电保护的原理

继电保护的基本原理是指利用被保护线路或设备故障前后某些突变的物理量作为信息量,当其测量值达到一定数值(即整定值)时,启动逻辑控制环节,发出相应的跳闸脉冲或信号。继电保护装置相当于一种在线开环的自动控制装置,根据控制过程中信号性质的不同,分为模拟型和数字型两类。常规的模拟继电保护装置,一般包括测量部分、逻辑部分和执行部分,其保护原理如图 1-2-1 所示。

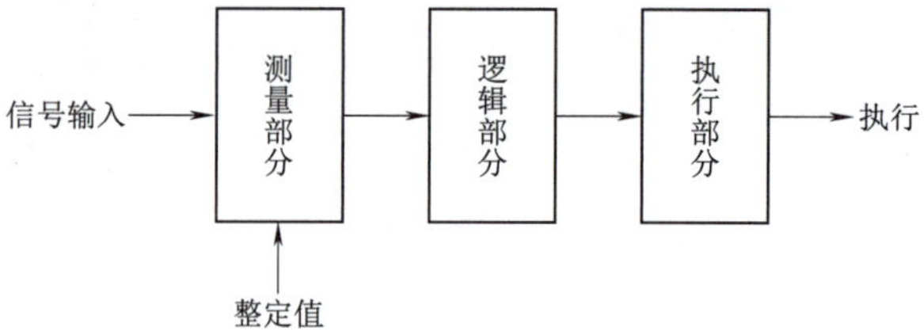

图 1-2-1　继电保护的原理

(1)测量部分:测量被保护对象的有关物理量,并与已给定的整定值进行比较,以判断是否发生故障或出现不正常运行状态,然后根据比较结果输出逻辑信号,用于判断保护装置是否应该启动。

(2)逻辑部分:根据测量部分输出信号的性质、输出的逻辑状态,使保护装置按照一定的逻辑关系判断故障的类型和范围,最后确定是否使断路器跳闸或发出信号,并将有关命令传送给执行部分。

(3)执行部分:依据前面环节判断得出的结果,做出相应的处理。例如:故障时,保护动作于跳闸;异常时,保护动作于发信号;正常运行时,保护不动作。

当电力系统发生故障或处于不正常运行状态时,系统的运行参数会发生显著的变化。继电保护装置的作用就是实时检测电力系统的各种运行参数,一旦检测到参数的变化,确定电力系统出现异常,即刻发出相应动作命令或告警信号,以便采取各种相应的措施,从而起到对电力系统的保护作用。

二、继电保护的类型

(一)按保护装置反映的物理量分类

不同保护装置所检测的电力系统的物理量各不相同,继电保护根据保护装置所反映的物理量可分为电流保护、电压保护、阻抗保护、零序保护、电流方向保护、差动保护、瓦斯保护等。

保护装置通过检测各种状态下被保护元件所反映的各种物理量的变化并予以鉴别，保护装置内部对不同的物理量有一个界定系统正常与否的整定值，以根据测量结果进行故障判断。保护装置反映的物理量又分为两种：

1. 反映电气量

(1)反映故障时电流增大构成的电流保护。

(2)反映故障时电压降低构成的低电压保护。

(3)同时反映故障时电压降低和电流增加构成的阻抗(距离)保护。

(4)同时反映故障时电压与电流之间相位角的变化则可以构成方向保护。

(5)同时反映故障时线路两侧电气量变化则可以构成纵联差动保护、高频保护。

2. 反映非电气量

(1)反映变压器油箱内部气体或油流速度的瓦斯保护。

(2)反映变压器及电动机绕组温度变化的温度保护。

(二)按保护装置的保护对象分类

继电保护按不同的被保护对象设计相应的成套保护装置，独立安装运行，以便于设备的操作、检修维护等，如发电机保护、输电线路保护、变压器保护、母线保护等。

(三)按组成保护装置的元件类型分类

继电保护按组成保护装置的元件类型分类可分为电磁型保护、集成电路型保护、微机型保护等。

(四)按保护装置所反映的故障类型分类

继电保护按保护装置所反映的故障类型分类可分为相间短路保护、接地故障保护、匝间短路保护、断线保护、失步保护、失磁保护及过励磁保护等。

(五)按保护装置的作用分类

继电保护按保护装置的作用不同可分为主保护、后备保护、辅助保护等。

继电保护装置的分类(2)

1. 主保护

在被保护设备整个保护范围内发生故障时，能以最短时限动作、有选择性地切除故障部分的保护，称为主保护。

2. 后备保护

当本设备的主保护或下一级相邻设备的保护或断路器拒绝动作时，能保证带一定延时切除故障的保护，称为后备保护。后备保护又分为近后备保护和远后备保护两种。

(1)近后备保护：当主保护拒动时，由本电力设备或线路的另一套保护来实现后备的保护。

(2)远后备保护：当主保护或断路器拒动时，由相邻电力设备或线路的保护来实现后备的保护。当断路器拒动时，由断路器失灵保护来实现后备保护。

3. 辅助保护

为补充主保护和后备保护的性能或当主保护和后备保护退出运行时而增设的简单保护,称为辅助保护。

任务实施

分析图 1-2-2 所示的供电系统输电线路中电流保护装置,准确说明继电保护装置的动作过程。

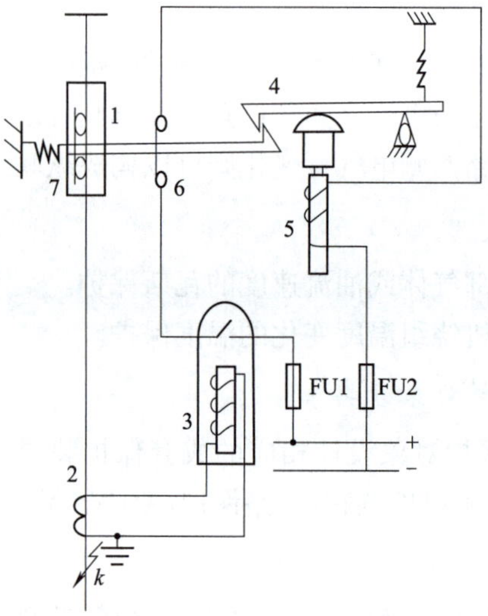

1—断路器;2—电流互感器;3—电流继电器;4—锁扣机构;5—断路器跳闸线圈;6—断路器的辅助触点;7—跳闸弹簧。

图 1-2-2　电流保护装置示意

任务实施步骤
1. 接受任务，学习任务资讯，搜索并查阅与之相关的拓展文献资料。 2. 根据老师分配的小组，和组员一同完成任务：讨论图 1-2-2 所示系统中各个装置的作用。 3. 小组内讨论，并分析输电线路在正常运行时的状态，以及保护装置的动作状态。 4. 小组内讨论，并分析输电线路发生故障时系统的状态，以及保护装置的动作状态。 5. 各小组之间交叉进行检查并讨论，提出意见。 6. 填写“项目评价表”：老师检查小组与个人完成的任务，提出意见并根据“项目评价”中的“评分标准”给出成绩
实施记录：
小组意见与老师意见记录：

任务三　继电保护装置的基本要求

任务描述

当供电系统中的不同地点发生短路故障时，哪些断路器应当跳闸，本任务通过案例分析说明对继电保护装置的基本要求。

继电保护的基本要求

任务资讯

动作于跳闸的继电保护装置，在技术上一般应满足四个基本要求，即选择性、速动性、灵敏性和可靠性。

一、选择性

当电力系统的某元件发生故障时，在很大范围内的电气量都会随之发生变化，因而该范围内的保护装置都会检测到故障的存在，同时也有可能动作，如果这样将引起电力系统大范围停电。为了使故障影响的范围尽可能小，则要求仅距离故障元件最近的保护装置动作，将故障切除。保护装置这种有选择性地动作就称为保护的选择性。为保证选择性，相邻设备和线路的保护装置的动作值及动作时间要相互配合。

例如，图 1-3-1 为简单电力系统不同点发生短路的示意，当不同点发生短路时，不同的开关动作，体现保护的选择性。

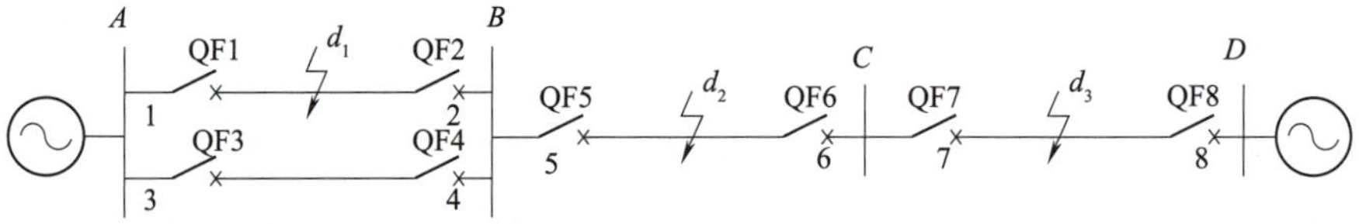

图 1-3-1　简单电力系统不同点发生短路示意

当 d_1 点短路时，保护 1、2 动作跳开断路器 QF1、QF2 为有选择性。当 d_2 点短路时，保护 5、6 动作跳开 QF5、QF6 为有选择性。当 d_3 点短路时，保护 7、8 动作跳开 QF7、QF8 为有选择性。若保护 7 拒动或 QF7 拒动，保护 5 动作跳开断路器 QF5，满足选择性要求；若保护和 QF7 正确动作于跳闸，保护 5 动作跳开断路器 QF5，则为越级跳闸，不满足选择性要求。

总之，选择性就是故障点在动作区内时保护装置动作，在动作区外时保护装置不动作。当主保护拒动时，由近后备或远后备保护切除故障，但远后备保护切除故障的时间较长。在高压电网中，应特别注意提高主保护动作的可靠性。

二、速动性

快速地切除故障可以提高电力系统并列运行的稳定性，减少用户在电压降低的情况下的工作时间，以及减轻故障元件的损坏程度。因此，在发生故障时，应力求保护装置能迅速动作切除故障。

速动性是指保护装置应以最短的时间切除短路故障。提高速动性主要有以下优点：

（1）能够提高电力系统中发电机并联运行的稳定性。

（2）可以减轻短路电流对电气设备损害的程度。

（3）可以防止故障范围扩大，提高自动重合闸动作的成功率。

继电保护装置切除故障的时间为保护动作时间加上断路器的动作时间。实际应用中，保护装置速动性的提高往往受到各种限制，因此对不同情况下的保护装置，其速动性的要求不尽相同。目前最快的继电保护装置的动作时间为 5 ms。

三、灵敏性

继电保护装置的灵敏性，是指其对于所保护范围内发生故障或不正常运行的反应能力。满足灵敏性要求的保护装置应该是在事先规定的保护范围内发生故障时，不论短路点的位置、短路的类型如何，以及短路点是否有过渡电阻，都能敏锐感觉，正确反应。保护装置的灵敏性，通常用灵敏系数来衡量，它主要取决于被保护元件和电力系统的运行方式。

电力系统的运行方式有最大运行方式和最小运行方式。

最大运行方式，是系统具有最小的短路阻抗值，发生短路后产生的短路电流最大的一种运行方式。一般根据系统最大运行方式的短路电流值来校验所选用的开关电器的稳定性。

最小运行方式，是系统具有最大的短路阻抗值，发生短路后产生的短路电流最小的一种运行方式。一般根据系统最小运行方式的短路电流值来校验继电保护装置的灵敏度。

简单来说，判定运行方式就是看短路电流，短路电流最大的就是最大运行方式，短路电流最小的就是最小运行方式。

保护装置的灵敏性受电力系统运行方式的影响很大。这是因为，系统在最大运行方式下，并联发电机组和并联线路最多，系统阻抗最小，短路电流大，电压降幅较小；反之，在最小运行方式下，系统阻抗大，短路电流小，电压降幅较大。

灵敏性是用灵敏系数 K_s 来表示的。所谓灵敏系数，是指故障时保护装置测量的故障量与给定的装置启动值之比，它是校验继电保护灵敏性的具体指标。在保护装置中，灵敏系数应根据实际最不利的运行方式、故障类型及短路点位置进行校验计算。对于过量保护和欠量保护，其灵敏系数的计算方法不同。

（1）对于过量保护装置在最小运行方式下，发生短路故障时短路电流最小，灵敏系数最小，故需检验此时的灵敏度，其灵敏系数的计算公式为

$$K_s = \frac{\text{保护范围末端金属性短路时故障参数的最小计算值}}{\text{保护的动作参数}}$$

例如，过电流保护装置的灵敏系数为

$$K_s = \frac{I_{k \cdot min}}{I_{act}}$$

式中　$I_{k \cdot min}$——保护范围末端短路时的最小短路电流；

I_{act}——过电流保护的动作电流。

（2）对于欠量保护装置在最大运行方式下，发生短路故障时电压降低最小，故需检验此时的灵敏度，其灵敏系数的计算公式为

$$K_s = \frac{\text{保护的动作参数}}{\text{保护范围末端金属性短路时故障参数的最小计算值}}$$

例如，低电压保护的灵敏系数为

$$K_s = \frac{U_{act}}{U_{k \cdot max}}$$

式中　$U_{k \cdot max}$——保护区末端短路时候，保护装置安装处的最大残压；

U_{act}——低电压保护的动作电压。

以上灵敏系数均大于1，一般要求其在1.2～2之间。在《电力装置的继电保护与自动装置设计规范》(GB/T 50062—2018)中对各类保护的灵敏系数都做了具体规定。

四、可靠性

保护装置的可靠性是指在该保护装置规定的保护范围内发生了它应该动作的故障时，它不应该拒绝动作，而在其他任何不应该动作的情况下，则不应该误动作。可靠性是对继电保护的最根本要求。可靠性主要是针对保护装置本身的质量和维护运行水平而言。一般说来，保护装置的组成元件的质量越高，接线越简单，回路中继电器的触点数量越少，保护装置的工作就越可靠。同时，正确的调整试验、良好的运行维护，以及丰富的运行经验，对于提高保护的可靠性也具有重要作用。

提高保护装置可靠性的措施主要有以下几点：选用适当的保护原理，在可能条件下尽量简化接线，减少元器件和触点的数量；提高保护装置的元器件质量和工艺水平，并采取必要的抗干扰措施；提高保护装置安装和调试的质量，并加强维护和管理；采取保护装置多重化。

任务实施

分析图1-3-2中单侧电源供电系统，说明当d_1、d_2、d_3点发生短路故障时应该跳闸的开关，并准确描述此时对继电保护装置的四个基本要求是如何体现的。

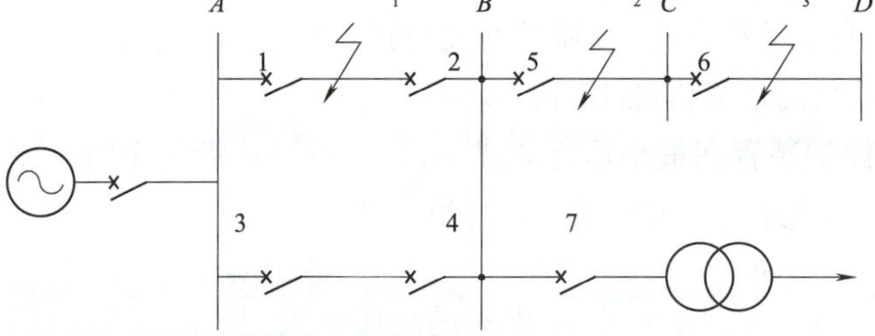

图1-3-2　单侧电源供电系统示意

任务实施步骤
1. 接受任务,学习任务资讯,搜索并查阅与之相关的拓展文献资料。 2. 根据老师分配的小组,和组员一同完成任务:讨论图 1-3-2 所示系统中不同故障点发生时应该跳闸的开关。 3. 小组内从选择性与速动性角度,讨论并分析继电保护是如何工作的。 4. 小组内从灵敏性与可靠性角度,讨论并分析继电保护是如何工作的。 5. 各小组之间交叉进行检查并讨论,提出意见。 6. 填写“项目评价表”:老师检查小组与个人完成的任务,提出意见并根据“项目评价”中的“评分标准”给出成绩
实施记录:
小组意见与老师意见记录:

任务四　电磁型继电器的结构与类型

任务描述

本任务主要介绍不同类型的电磁型继电器，以及具体继电器的符号、作用、参数。

电磁型继电器

任务资讯

一、电磁型继电器概述

传统继电保护是以继电器为主要元件来完成各种保护功能的。电磁型继电器就是继电保护装置较为早期的应用形式。

电磁型继电器主要由铁芯、线圈、可动衔铁、反作用力弹簧及触点组成。当线圈中通过一定的电流时，电磁铁芯就会产生磁通和电磁力。当电磁力大于弹簧的反作用力时，则可吸动衔铁动作，并通过触点闭合，进行电路的切换；而当线圈中的电流减小时，产生的电磁力减小，衔铁返回，触点断开。这样，就完成了电路的转换和控制。这就是电磁型继电器的工作原理。

由此可见，电磁型继电器是通过电磁力使可动部分动作，并带动继电器的触点转换，从而实现输出信号的改变。这种有机械触点的继电器元件称为有触点元件。由于通过继电器触点的电流一般比较小，故不需要灭弧装置。继电器的触点有常开、常闭触点两类，又称为动合、动断触点。

二、电磁型继电器的主要类型

电磁型继电器的主要类型有电流继电器、电压继电器和时间继电器等。

1. 电流继电器

当流过继电器线圈的电流足够大时，会产生较大的电磁力，吸引衔铁转动，并带动转轴，使继电器触点状态切换，常开触点闭合，常闭触点断开。而当电流减小时，电磁力也减小，此时由于反作用力弹簧的作用，衔铁返回，从而带动触点返回，即常开触点断开，常闭触点闭合。电流继电器的线圈有两组，可以串联或并联接线。线圈并联时通过的电流比串联时增加一倍。

继电器的可动系统装在铁芯的两极间，连在同一轴上的有游丝、桥形动触点和 Z 形动片。当加在线圈上的电流达到整定值时，动片和桥形触点一起转动，动合触点闭合，动断触点断开；当断电或电流低于返回值时，可动系统受游丝反作用力矩的作用返回到原来位置，动合触点断开，动断触点闭合。

继电器铭牌上的刻度值是线圈串联时的电流值。改变整定值时，当整定范围确定之后(线圈串、并联)只需拨动刻度盘上的指针，即改变游丝的力矩即可。

电流继电器的文字符号为 KA，电流继电器的结构如图 1-4-1 所示。

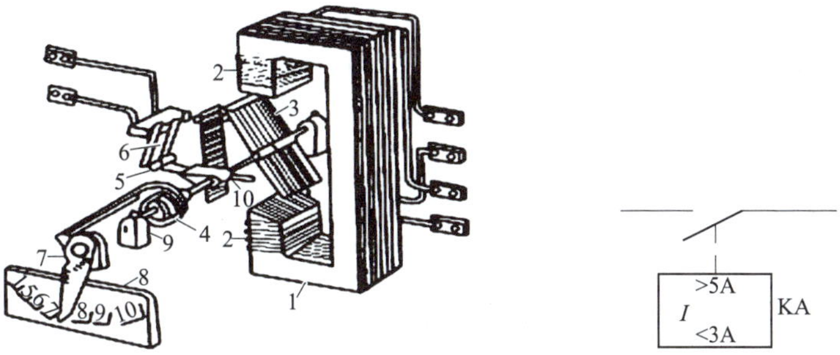

(a)原理示意　　　　(b)图形符号

1—电磁铁;2—线圈;3—Z 形动片;4—螺旋弹簧;5—动触点;6—静触点;
7—整定值调整把手;8—刻度盘;9—轴承;10—止挡。

图 1-4-1　电磁型电流继电器结构示意及图形符号

电流继电器的主要参数为:

(1)动作电流I_{op}:使继电器动作的最小电流值。

(2)返回电流I_{re}:使继电器返回的最大电流值。

(3)返回系数K_{re}:返回电流与动作电流之比。

返回系数不能过大,也不能过小,技术规范要求其数值为 0.85 ~0.9。返回系数过大,继电器动作灵敏但不可靠;反之,继电器动作可靠但不灵敏。

2. 电压继电器

电压继电器与电流继电器的工作原理相似,其主要区别在于电压继电器的线圈匝数比较多而导线细,故线圈阻抗较大。继电器线圈并联于测量电路中,内部两组线圈可以并联,也可以串联,串联时测量的电压比并联时测量的电压增加一倍。

电压继电器的文字符号为 KV。

电压继电器主要有过电压继电器和欠电压继电器两类,前者用于过电压保护,后者用于欠电压保护。

(1)过电压继电器的主要参数为:

①动作电压U_{op}:使继电器动作的最小电压值。

②返回电压U_{re}:使继电器返回的最大电压值。

③返回系数K_{re}:返回电压与动作电压之比。

(2)欠电压继电器与过电压继电器的动作过程正好相反:当电压降低,电磁力减小使得衔铁返回时,常闭触点处于闭合状态,称为电器动作;当电压高,衔铁被吸动时,常闭触点处于断开状态,称为继电器返回。欠电压继电器的主要参数为:

①动作电压:能使继电器动作的最大电压。

②返回电压:能使继电器返回的最小电压。

③返回系数:返回电压与动作电压之比。

返回系数一般不大于 1.2,返回系数越小,继电器越灵敏,但可靠性降低。

3. 时间继电器

在继电保护装置中往往为了保护选择性的需要,保护动作及信号的发出需要一定的延时,时间继电器就是用来建立保护装置所需的时间,实现延时功能。

时间继电器又称为时限元件。使用时应先计算保护及测控装置中整定时间的大小,然后进行时间继电器的延时调整。根据继电器延时触点的动作过程不同,又分为缓吸型和缓放型两种:线圈得电延时切换的触点称为缓吸型,线圈失电延时切换的触点称为缓放型。

时间继电器的文字符号为 KT,时间继电器的结构如图 1-4-2 所示。

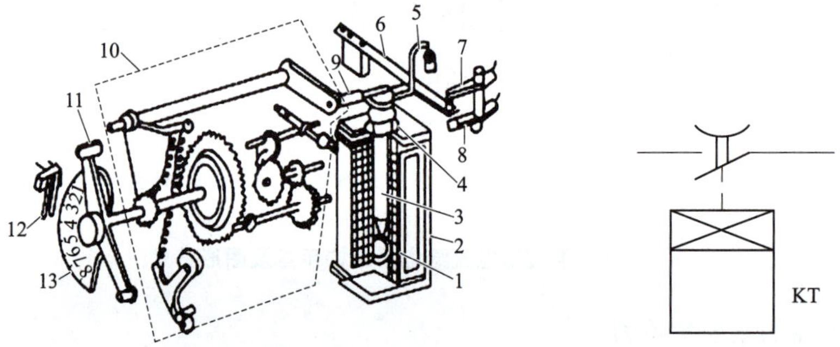

(a)结构示意　　(b)图形符号

1—线圈;2—电磁铁;3—衔铁;4—返回弹簧;5—轧头;6—可瞬动部分;

7、8—固定瞬时动断、动合触点;9—曲柄杠杆;10—钟表机构;11—动触点;12—静触点;13—刻度条。

图 1-4-2　时间继电器结构示意及图形符号

4. 中间继电器

中间继电器在继电保护装置中起桥梁作用,即当需要同时闭合或断开几条独立回路或要求比较大的触点容量去闭合或断开大电流回路时,经常采用中间继电器。中间继电器具有触点容量大、触点数目多的特点。中间继电器常作为保护装置的出口执行元件,广泛用于各种保护和自动控制线路中。

中间继电器的文字符号为 KM,中间继电器的结构如图 1-4-3 所示。

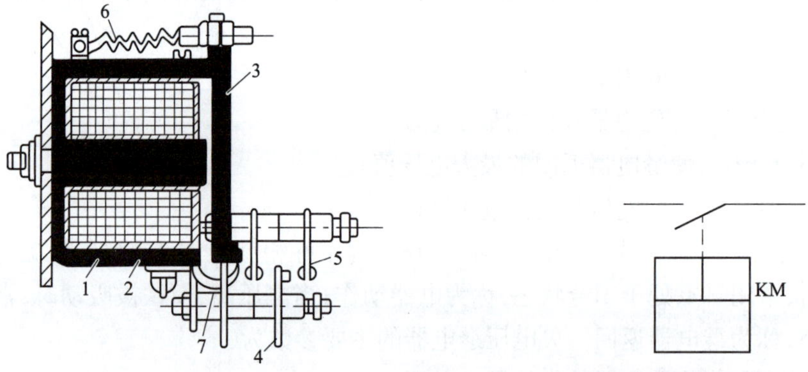

(a)结构示意　　(b)图形符号

1—电磁铁;2—线圈;3—活动衔铁;4—静触点;5—动触点;6—弹簧;7—衔铁行程限制。

图 1-4-3　中间继电器结构原理

5. 信号继电器

信号继电器是主要用于指示保护或自动装置动作的继电器。例如,DX-31 型信号继电器，是在保护和自动装置中用于机械保持和手动复归的动作指示器。当继电器线圈未通电时，衔铁受弹簧的作用而离开铁芯，衔铁托住信号牌；当线圈受电，吸动衔铁动作时，信号牌失去支持而落下，发出掉牌信号，同时固定在转轴上的可动触点与静触点接通并保持，直到值班员复归掉牌时，继电器才返回。

信号继电器的文字符号为 KS，信号继电器的结构如图 1-4-4 所示。

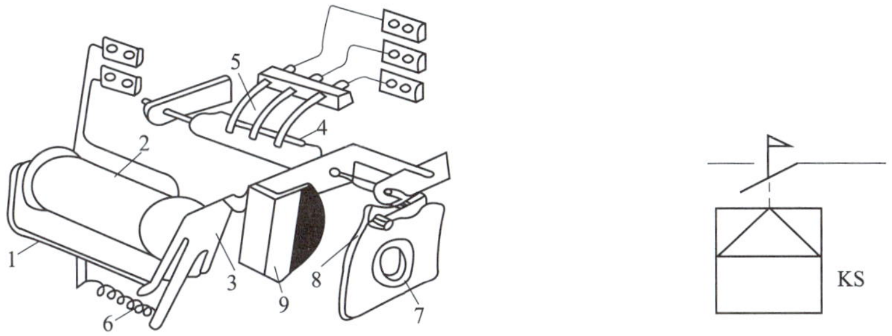

(a)结构示意　　(b)图形符号

1—电磁铁；2—线圈；3—衔铁；4—动触点；5—静触点；6—弹簧；7—信号牌显示窗口；8—复归旋钮；9—信号牌。

图 1-4-4　电磁型信号继电器结构示意图及图形符号

信号继电器有电流型和电压型两种形式，它们在电路中的接线各不相同，电流型的线圈在电路中与其他元件串联使用，电压型的线圈则直接并接于电源。

任务实施

DL-10 型电流继电器广泛应用于电动机、变压器和输电线路的过负荷保护和在短路保护电路中作为启动元件，如图 1-4-5 所示。查阅相关资料，提取电流继电器的参数，明确其动作值、返回值和返回系数，并描述电流继电器的使用和维护注意事项。

图 1-4-5　DL-10 型电流继电器

<table>
<tr><th>任务实施步骤</th></tr>
<tr><td>1. 接受任务，学习任务资讯，搜索并查阅与之相关的拓展文献资料。
2. 根据老师分配的小组，和组员一同完成任务：查找记录 DL-10 型电流继电器的各项参数。
3. 小组内合作分析此电流继电器的动作值和返回值所代表的含义，并检验返回系数。
4. 小组内讨论，总结电流继电器的使用与维护应注意的事项。
5. 各小组之间交叉进行检查并讨论，提出意见。
6. 填写“项目评价表”：老师检查小组与个人完成的任务，提出意见并根据“项目评价”中的“评分标准”给出成绩</td></tr>
<tr><td>实施记录：</td></tr>
<tr><td>小组意见与老师意见记录：</td></tr>
</table>

项目评价

任务	任务内容	配分	评分标准	得分
任务一	继电保护认知	25	1. 系统的运行状态错误，扣10分； 2. 继电保护的作用错误，扣15分	
任务二	继电保护工作过程分析	25	1. 系统中设备的名称错误，扣10分； 2. 工作过程叙述不完整，扣15分	
任务三	继电保护基本要求分析	25	1. 断路器应该跳闸错误，扣10分； 2. 继电保护基本要求错误，扣15分	
任务四	电磁型继电器识别	25	1. 设备参数错误，扣15分； 2. 使用与维护注意事项错误，扣10分	
学号			总分	

思考与练习

1. 简述继电保护的作用。
2. 简述继电保护的组成部分及各部分作用。
3. 继电保护有哪些要求？最基本的要求是什么？
4. 简述近后备保护与远后备保护的区别。
5. 试写出电流继电器、电压继电器、中间继电器、时间继电器、信号继电器的文字符号与图形符号。

项目二

输电线路的电流保护与电压保护

素养园地

厚积薄发终成全路第一

在2024年11月落下帷幕的铁路工电系统职业技能竞赛（牵引变电设备检修工）决赛现场，涵盖断路器的巡视检查、时间特性试验及行程的测量项目正紧张有序地展开。袁玉龙和队友协同配合，明确分工：一人主导操作流程，把握方向和节奏并决策；另一人精准执行指令，保证操作顺利进行，赢得了周围人员的阵阵掌声。

入职15年，扎根变电检修一线13年，袁玉龙不知度过了多少个这样的日夜，诠释着奉献与担当。曾获2021济南局集团有限公司变电技术比武第三名、2023年济南局集团有限公司变电技术比武第一名、2024铁路工电系统职业技能竞赛（牵引变电设备检修工）决赛第一名。

刚踏入变电设备检修这个专业领域时，袁玉龙就像一个在黑暗中摸索的孩子，面对复杂的变电设备和密密麻麻的线路图，充满了好奇与困惑。遇到不懂的地方，他从不放过，总是缠着工区里的老师傅们问个明白，不停地翻阅各种导则要求，哪怕只是一个很小的知识点。正是这种刻苦钻研，不放过任何一个难点的劲儿头让袁玉龙理论知识的基础格外扎实。

变电设备检修专业的实操作业也同样重要。从简单的设备倒闸顺序到标准的综自试验，再从简单的故障处理到复杂的二次回路故障查找，一次又一次地重复操作，仔细观察设备的每一个反应，记录各种参数的设置原理。无论是烈日炎炎的夏日，还是寒风凛冽的冬天，他都毫不犹豫地深入到检修现场。理论和实作"一把抓"，让袁玉龙没有短板，迅速成长为了一名"技术能手"。

在一次次的主动追问中，在一遍遍地反复演练中，袁玉龙排查故障的时间越来越短，解决问题愈发"快、狠、准"，俨然成了同事眼中的"技术标杆"。职工们称赞他对变电设备的检修"一摸准"，对主要参数和技术性能"一口清"，对查找和排除故障"一手灵"。

袁玉龙用自己的行动告诉所有努力上进的人，只要有梦想，并为之付出不懈的努力，就一定能够在属于自己的舞台上绽放出最耀眼的光芒。如今袁玉龙站在变电专业生涯的一个新起点，他将带着这份荣誉和对专业的热爱，继续在变电领域发光发热。

感想领悟：________________________

学习目标

1. 能力目标

(1)能够准确说明三段式电流保护的各段原理。

(2)能够进行三段式电流保护的整定计算。

(3)能够准确判断方向元件的动作方向。

(4)能准确说明功率继电器的工作方式。

(5)能够说明零序分量的特点与零序电流保护的工作原理。

(6)能够说出线路电压保护的分类与特点。

2. 知识目标

(1)掌握三段式电流保护的工作原理与正确接线。

(2)理解方向电流保护的基本原理。

(3)掌握零序分量的概念和零序保护的基本原理。

(4)理解零序滤过器的工作原理。

(5)了解电压保护的工作原理。

3. 素质目标

(1)具有热爱祖国、服务人民的家国情怀。

(2)具有科技报国、安全保电的使命担当。

(3)具有积极向上的合作精神与团队意识。

电网输电线路发生短路故障时,其主要特征是电流增大、电压降低。利用电流增大、电压降低的特性可以构成线路的电流保护、电压保护。

本项目介绍反映电流、电压参量变化的电流、电压保护的定义、整定计算、接线等理论知识,包括反应单侧电源输电线路相间短路的三段式电流保护,反映双侧电源输电线路相间短路的方向性电流保护,反映输电线路接地短路的零序电流保护及输电线路的电压保护。

任务一 三段式电流保护

任务描述

本任务主要分析输电线路的故障状态,并对线路进行三段式电流保护整定配置计算,同时介绍了电流保护的接线方式。

任务资讯

在供电系统发生短路故障时,一个普遍的特点是回路电流比正常运行时显著增大。因此,可利用短路与正常情况下电流数值上的差别构成继电保护。这种反映电流增大到整定值时就动作的保护,称为电流保护。最简单的电流保护是反映相电流的三段式,即瞬时电流速断保护、限时电流速断保护和定时限过电流保护。为保证继电保护的选择性,常将瞬时电流速断保护、限时电流速断保护和定时限过电流保护组合在一起,构成阶段式电流保护，并采用相应简单可靠的电流保护接线方式。

一、瞬时电流速断保护

根据对保护装置速动性的要求，在满足可靠性和保证选择性的前提下，保护装置的动作时间，原则上越短越好。因此，各种电气元件应力求装设快速动作的继电保护。仅反映电流增大而瞬时动作切除故障的电流保护，称为瞬时电流速断保护。

1. 定义

瞬时电流速断保护是指动作电流按躲开保护范围末端最大三相短路电流整定，不带动作时限的电流保护。

2. 几个基本概念

(1)最大运行方式和最小运行方式

最大运行方式就是在选定的短路计算点短路时，系统等值阻抗最小，而通过所研究的设备的短路电流最大的运行方式。最小运行方式就是在选定的短路计算点短路时，系统等值阻抗最大，而通过所研究的设备的短路电流最小的运行方式。

(2)最小短路电流与最大短路电流

在最大运行方式下三相短路时，通过保护装置的短路电流为最大，称之为最大短路电流。在最小运行方式下两相短路时，通过保护装置的短路电流为最小，称之为最小短路电流。

(3)保护装置的整定

所谓整定，就是根据对继电保护的基本要求，确定保护装置动作值、灵敏系数、动作时限等的过程。

3. 瞬时电流速断保护的建立

如图 2-1-1 所示，假定在每条线路上均装有瞬时电流速断保护，则当线路 $A \sim B$ 段上发生故障时，希望保护 2 能瞬时动作，而当线路 $B \sim C$ 段上故障时，希望保护 1 能瞬时动作，它们的保护范围最好能达到本线路全长的 100% 。

图 2-1-1 中，以保护 2 为例，当本线路末端k_1点短路时，希望保护 2 能够瞬时动作切除故障，而当相邻线路 $B \sim C$ 的始端(又称为出口处)k_2点短路时，按照选择性的要求，保护 2 不应该动作，因为此处的故障应由保护 1 动作切除。但是实际上，k_1点和k_2点短路时，从保护 2 安装处所流过的短路电流在数值上几乎一样的。因此，希望保护 2 在k_1点短路时能动作，而k_2点短路时，保护 2 不动作的要求就不能同时满足。同样的，保护 1 也无法区别k_3点和k_4点的短路。

为解决这个矛盾，并优先保证动作的选择性，即从保护装置启动参数的整定上保证下条线路出口处短路时不启动，在继电保护技术中，这又称为按躲开下一条线路出口处短路的条件整定。

对反映电流升高而动作的瞬时电流速断保护而言，能使该保护装置启动的最小电流值称为保护装置的启动电流，以I_{act}(动作电流)表示，当实际的短路电流$I_k > I_{act}$时，保护装置才能启动。保护装置的启动值I_{act}是用电力系统一次侧的参数表示，它所表示的意义是当被保护线路的一次侧电流达到这个数值时，安装在该处的这套保护装置就能够启动。

4. 整定计算

根据电力系统短路的分析，当电源电势一定时，短路电流的大小决定于故障类型及短路点和电源之间的总阻抗。相同的故障类型，短路点离电源越远，则线路中的短路电流就越小。因此，根据计算可绘制出短路电流随故障点不同的变化曲线$I_k=f(l)$。图 2-1-1 中，曲线Ⅰ为系统最大运行方式下的三相短路电流特性，曲线Ⅱ为系统最小运行方式下的两相短路电流特性。当系统运行方式或故障类型改变时，I_k都将随之变化。

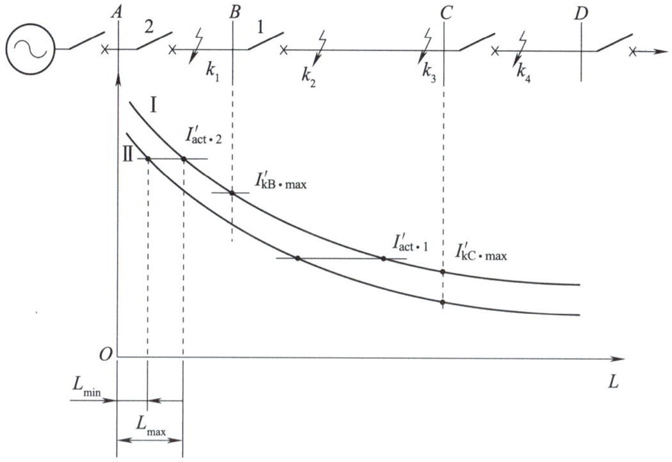

L_{min}—最小距离；L_{max}—最大距离；$I'_{kB\cdot max}$，$I'_{kC\cdot max}$—B点，C点最大矩路电流；$I'_{act\cdot 1}$，$I'_{act\cdot 2}$—1号，2号保护装置的动作电流。

图 2-1-1　瞬时电流速断保护动作特性分析

(1)动作电流

为了保证瞬时电流速断保护动作的选择性，动作电流 I_{act}按躲开下一条线路出口处的最大短路电流$I^{(3)}_{k\cdot max}$。因此，对于保护 1，其启动电流必须大于k_4点短路时可能出现的最大短路电流，其计算公式如下：

$$I'_{act}=K'_{rel}\cdot I^{(3)}_{k\cdot max}$$

考虑实际存在的各种误差影响和必要的裕度，引入大于 1 的可靠系数K'_{rel}，一般取1.2～1.3。

(2)动作时限

瞬时电流速断保护是仅反映电流增大而瞬时动作的电流保护，没有人为延时，只考虑继电保护固有的动作时间，在时间上不需要与下一段线路配合。

(3)灵敏性校验

瞬时电流速断保护对被保护线路内部故障的反应能力(灵敏性)只能用保护范围的大小来衡量。保护范围通常用线路全长的百分数表示。由图 2-1-1 可知，瞬时电流速断保护不能保护线路的全长，并且保护范围直接受系统运行方式的影响。最大运行方式下三相短路时保护范围最大，最小运行方式下两相短路时保护范围最小。一般要求最大保护范围大于 50%，最小保护范围大于(15%～20%)。

5. 组成与接线

瞬时电流速断保护的单相原理接线如图 2-1-2 所示，保护由检测启动元件(电流继电器

KA)、中间元件(中间继电器 KM)和信号元件(信号继电器 KS)组成。电流互感器 TA 的二次侧连接电流继电器 KA 线圈,KA 常开触点闭合后启动中间继电器 KM,经串联的信号继电器 KS 接通跳闸线圈 YR,从而使断路器跳闸。

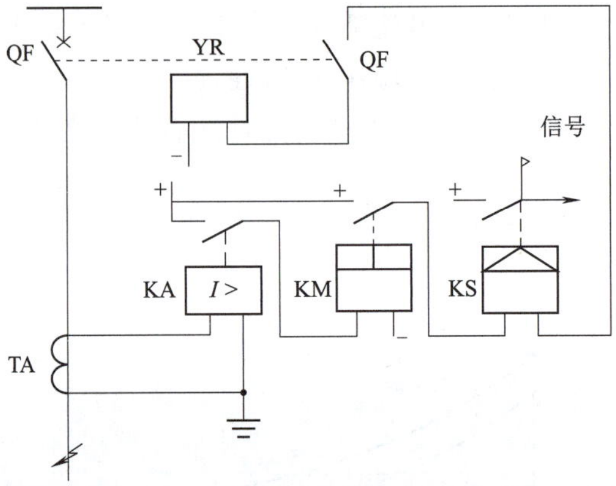

图 2-1-2　瞬时电流速断保护的单相原理接线

接线中采用中间继电器 KM 的原因如下:

(1)电流继电器的接点容量比较小,不能直接接通跳闸线圈,因此先启动中间继电器,然后再由中间继电器的大容量接点接通跳闸回路。

(2)当线路上装有管型避雷器时,利用中间继电器来增大保护装置的固有动作时间,以防止管型避雷器放电时引起瞬时电流速断保护误动作。

6. 保护的优缺点

瞬时电流速断保护的主要优点是接线简单可靠、动作迅速,因而得到了广泛应用。它的缺点是不能保护线路的全长,并且保护范围直接受系统运行方式变化的影响。当系统运行方式变化很大时,瞬时电流速断保护就可能没有保护范围;在最大运行方式下整定后,在最小运行方式下无保护范围;被保护线路的长度很短时,瞬时电流速断保护也可能没有保护范围。

二、限时电流速断保护

由于有选择性的瞬时电流速断保护不能保护线路的全长,因此可考虑增加一套新的保护来切除线路上瞬时电流速断保护范围以外的故障,同时也能作为后备,这就是限时电流速断保护。

对这个新设保护的要求,首先是在任何情况下都能保护线路的全长,并且具备足够的灵敏度;其次是在满足上述要求的前提下,力求具有最小的动作时限。正是因为它能以较小的动作时限较快地切除全线范围以内的故障,因此称之为限时电流速断保护。

1. 定义

限时电流速断保护是指带较短动作时限,动作电流按躲开下一段线路的瞬时电流速断保护的动作电流整定的电流保护。

2. 整定原则

限时电流速断保护与下一条线路的瞬时电流速断保护配合，不仅动作时限上要配合，而且保护范围、整定计算上也要配合。

（1）为了保护本线路全长，限时电流速断保护的保护范围必须延伸到下一条线路中去，这样当下一条线路出口处短路时，它就能切除故障。

（2）为了保证选择性，必须使限时电流速断保护动作带有一定的时限。

（3）为了保证速动性，时限应尽量缩短。时限的大小与延伸的范围有关。为使动作时限小，限时电流速断保护的范围不能超出下一条线路瞬时电流速断保护的范围末端。

3. 整定计算

（1）动作电流

动作电流 $I''_{act \cdot 2}$ 按躲开下一条线路电流速断保护的动作电流进行整定，引入可靠系数 K''_{rel}，其计算公式为

$$I''_{act \cdot 2} = K''_{rel} \cdot I'_{act \cdot 1}$$

对可靠系数 K''_{rel}，考虑到短路电流中的非周期分量已经衰减，故可选取得比瞬时电流速断保护的可靠系数 K'_{rel} 小一些，一般取 1.1 ~ 1.2。

（2）动作时限

为了保证选择性，限时电流速断保护比下一条线路瞬时电流速断保护的动作时限高出一个时间级差 Δt。因此，在图 2-1-1 所示的线路上，线路 $A \sim B$ 上的保护 2 的限时速断保护的动作时限 t''_2，应比下一条线路 $B \sim C$ 上保护 1 的瞬时电流速断保护的动作时限高出一个时间级差 Δt，即

$$t''_2 = t'_1 + \Delta t$$

Δt 的大小要保证在重叠保护区内发生故障时保护动作的选择性，若过大则速动性差，过小则不能保证选择性。在工程上考虑各种因素，Δt 一般取 0.35 ~ 0.6 s，通常取 0.5 s。对于采用数字电路构成的静态型时间继电器，由于其精度极高，可以将 Δt 压缩到 0.35 s 左右。

（3）灵敏度校验

为了保证在线路末端短路时保护装置能够动作，对限时电流速断保护应当进行灵敏度校验，一般以灵敏度系数 K_{sen} 来表示。

灵敏度系数 K_{sen} 应以本线路末端短路时的最小两相短路电流来校验，其计算公式为

$$K_{sen} = \frac{I^{(2)}_{k \cdot min}}{I''_{act \cdot 2}} \geqslant 1.5$$

4. 组成与接线

限时电流速断保护的单相原理接线如图 2-1-3 所示，保护由检测启动元件（电流继电器 KA）、时间元件（时间继电器 KM）和信号元件（信号继电器 KS）组成。它和电流速断保护接线的主要区别是用时间继电器 KT 代替了原来的中间继电器 KM，这样当电流继电器 KA 动作后还必须经过时间继电器 KT 的延时才能动作跳闸。而如果在延时之前故障已经被切除，则电流继电器 KA 立即返回，保护随即复归原状，不会形成误动作。

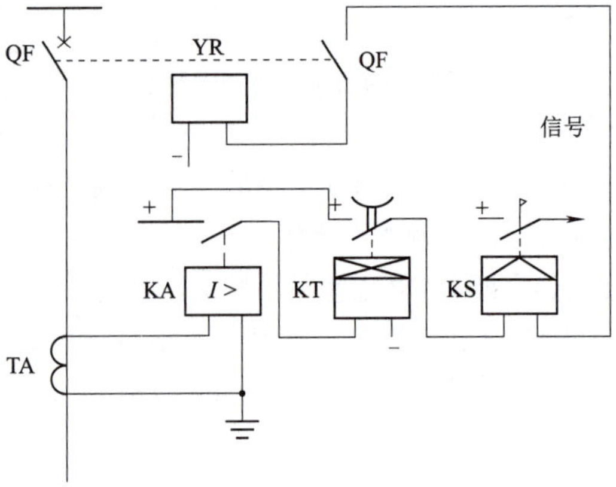

图 2-1-3　限时电流速断保护的单相原理接线

5. 保护的优缺点

限时电流速断保护的优点是结构简单、动作可靠，能保护本条线路全长，并延伸到下一段线路去，但不能超过下一段线路的瞬时电流速断保护的保护范围末端。其缺点是限时电流速断保护不能保护下一段线路全长，也不能作为下一段线路的后备保护。

三、定时限过电流保护

1. 定义

定时限过电流保护是指其动作电流按躲开最大负荷电流整定，用适当的延时保证动作选择性的电流保护。

2. 整定原则

动作电流 I'''_{act} 按躲开被保护线路的最大负荷电流，且在自启动电流下继电器能可靠返回进行整定。

(1)在正常运行情况下过电流保护不应动作，保护装置的动作电流 I'''_{act} 必须大于最大负荷电流 $I_{L \cdot max}$。

(2)外部短路故障被切除后，保护装置应能返回。因此，返回电流 I_r 大于自启动电流 I_{ss}。

(3)保护范围内发生短路时，保护装置应灵敏动作。

3. 整定计算

(1)动作电流

动作电流 I'''_{act} 必须躲过线路的最大负荷电流 $I_{L \cdot max}$，并考虑继电器的返回系数 K_r 和线路的自启动系数 K_{ss}，其计算公式如下：

$$I'''_{act} = \frac{K'''_{rel} \cdot K_{ss}}{K_r} \cdot I_{L \cdot max}$$

式中　K'''_{rel}——可靠系数，一般取 1.1～1.2；

K_{ss}——自启动系数，一般取 1.5～3；

K_r——返回系数，应为0.85～0.95；

$I_{L \cdot max}$——保护设备最大负荷电流。

(2)动作时限

如图2-1-4所示，假定在线路上的母线A、B、C处装设过电流保护1、2、3，各保护装置的启动电流均按照躲开被保护线路上各自的最大负荷电流来整定。这样当k_1点短路时，保护1～3在短路电流的作用下都有可能启动。但要满足选择性的要求，应该由离故障点k_1最近的保护3动作切除故障，而保护1、2在保护3动作将故障切除后立即返回。这个要求只能依靠各保护装置设置不同的时限来满足。

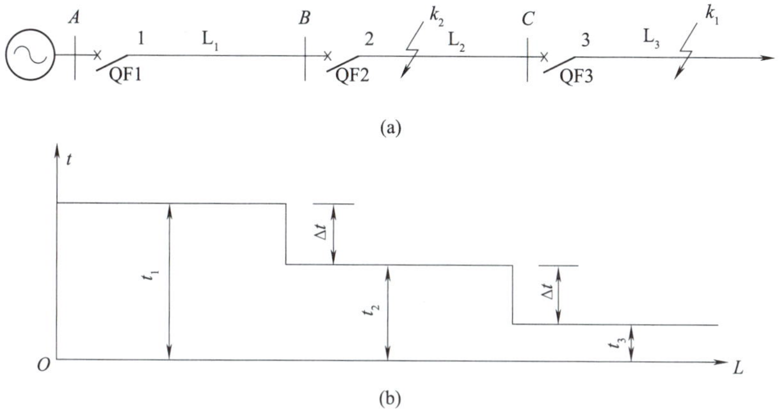

图2-1-4　定时限过电流保护的阶梯时限特性

保护3位于电网的最末端，只要k_1点发生短路故障，它就可以瞬时动作切除故障，t_2即为保护3的固有动作时间。对于保护2来说，为了保证点短路时动作的选择性，其动作时限$t_2>t_3$。引入时限极差Δt后，保护2的动作时限为$t_2=t_3+\Delta t$。

保护2的动作时限确定以后，当k_1点短路而保护3拒动时，保护2将以t_2的时限切除故障，此时为了保证保护1动作的选择性，必须整定$t_1>t_2$。引入时限极差Δt后，保护1的动作时限为$t_1=t_2+\Delta t$。

一般来说，任一过电流保护的动作时限应选择比相邻下一级各元件保护的动作时限高出至少一个Δt，只有这样才能充分保证保护动作的选择性。这种保护动作时限的配合形状像一个阶梯，故称为阶梯形时限特性。

过电流保护的动作时限是从系统的末端(负荷侧)向电源端逐级递增的，每一级递增一个时限级差Δt，即$t_1=t_2+\Delta t=t_3+2\Delta t$。时限级差$\Delta t$一般取0.3～0.5 s。过电流保护的时限特性在整定好之后是固定的，由专门的时间继电器予以保证，其动作时限与短路电流无关，因此称为定时限过电流保护。

故障越靠近电源端时，短路电流越大。而根据以上分析，按照选择性的要求，越靠近负荷侧，过电流保护的动作时限越短；越靠近电源端，过电流保护的动作时限越长。此时过电流保护动作切除故障的时限反而越长，因此这是一个很大的缺点。正是由于这个原因，在电网中广泛采用瞬时电流速断保护和限时电流速断保护作为线路的主保护，以快速切除故障，而利用定时限过电流保护作为线路和相邻元件的后备保护。任一线路过电流保护的动作时限必须与该线路末端变电所母线所有出线保护中的动作时限最长的配合。

(3)灵敏度校验

为了保证在保护范围末端短路时,过电流保护能动作,对动作电流必须按其保护范围末端可能的最小短路电流进行灵敏度校验。

当过电流保护作为本线路主保护或近后备保护时,应选择本线路末端两相短路时出现的最小短路电流($I_{K\cdot\min\cdot本末}^{(2)}$)进行灵敏度校验,并要求灵敏度系数$K_{sen}$应不小于1.5。

$$K_{sen}=\frac{I_{K\cdot\min\cdot本末}^{(2)}}{I'''_{act}}\geqslant 1.5$$

当过电流保护作为下一条线路后备保护(远后备)时,其保护范围延伸至下一条线路末端,此时应选择下一条线路末端两相短路时出现的最小短路电流($I_{K\cdot\min\cdot下一末}^{(2)}$)进行灵敏度校验,并要求灵敏度系数$K_{sen}$不小于1.2。

$$K_{sen}=\frac{I_{K\cdot\min\cdot下一末}^{(2)}}{I'''_{act}}\geqslant 1.2$$

4.限时电流速断保护的优缺点

定时限过电流保护的优点是结构简单、工作可靠、保护范围广,能够保护被保护线路的全长,也能保护相邻线路全长及相邻元件的全部,具有远后备保护的优势。其缺点是在具有多级保护的线路中,越靠近电源端其动作时限越大,速动性差,对靠近电源端的故障不能快速切除。而且在重负荷线路中,其灵敏度较低,因此一般作为主保护的近后备保护及相邻线路的远后备保护使用。

四、阶段式电流保护

1.概念

瞬时电流速断保护、限时电流速断保护和定时限过电流保护都是反映电流升高而动作的保护。瞬时电流速断保护是靠选择动作电流来保证选择性。限时电流速断保护是靠选择动作电流和动作时限来保证选择性。定时限过电流保护是靠选择动作时限来保证选择性。

瞬时电流速断保护动作迅速,但只能保护线路的一部分。限时电流速断保护能保护线路全长,却不能作为下一段线路的后备保护,因此必须采用定时限过电流保护作为本条线路和下一段线路的后备保护。由瞬时电流速断保护、限时电流速断保护及过电流保护相配合共同构成的保护,称为三段式电流保护。其中瞬时电流速断保护(电流Ⅰ段)和限时电流速断保护(电流Ⅱ段)为主保护,定时限过电流保护(电流Ⅲ段)为后备保护。因此,为了保证迅速而有选择性地切除故障,常常将瞬时电流速断保护、限时电流速断保护和定时限过电流保护组合在一起,构成阶段式电流保护。

实际上,供配电线路并不一定都要装设三段式电流保护,应当根据电网具体情况确定。如线路—变压器组接线,瞬时电流速断保护按保护线路全长考虑后,可不装设限时电流速断保护,只需装设电流Ⅰ段和电流Ⅲ段即可。又如,在较短线路上,瞬时电流速断保护的保护范围很短,甚至可能没有保护范围,此时只需装设电流Ⅱ段和电流Ⅲ段。因此,对于不同的线路,应根据具体情况,装设相应的阶段式电流保护。

2. 保护的配合

每个保护都有预先划分的保护范围，划分保护范围的基本原则是任一个元件的故障都能被可靠地切除并且造成的停电范围最小。

保护范围相互重叠，保证任意点的故障都置于保护区内。各种保护之间配合的总原则是：保护范围重合，则动作时限不能相同；动作时限相同的，保护范围不能重合。

(1)保护装置的灵敏度配合

保护装置的灵敏度配合就是保护范围的配合。也就是在各种可能出现的运行方式下，某设备的带时限动作的保护装置的保护范围末端，应在下一级相邻设备的要求同它相配合的保护装置的保护范围末端以内。这样，当供电系统任意一点发生故障时，离故障点最近的保护装置灵敏度最高，离故障点越远的保护装置灵敏度最低。

(2)保护装置的时限特性配合

保护装置的时限特性配合是指某设备的保护装置的动作时限，应大于下一级相邻设备的要求同它相配合的保护装置的动作时限。这样，当供电系统任意一点发生故障时，离故障点最近的保护装置动作时限最短，离故障点越远的保护装置动作时限越长。

(3)阶段式电流保护的时限特性分析

阶段式电流保护的时限特性如图 2-1-5 所示，保护 1 的电流Ⅰ段保护的保护范围只是本线路 WL_1 中的一部分，其动作时限为继电器固有动作时间t_1^{I}，无人为延时。

电流Ⅲ段保护的保护范围延伸到下一级线路 WL_2 中，但不能保护 WL_2 的全长，而且为了保证选择性，其保护范围末端不超过保护 2 电流Ⅰ段的保护范围末端。其动作时限为 $t_1^{\mathrm{II}}=t_2^{\mathrm{I}}+\Delta t$。电流Ⅰ段、Ⅱ段保护构成线路的主保护。

电流Ⅲ段保护作为电流Ⅰ段、Ⅱ段保护的近后备保护和下一级线路的远后备保护。其保护范围为线路 WL_1 和 WL_2 的全部，其动作时限为t_1^{III}。根据阶梯形原则，$t_1^{\mathrm{III}}=t_2^{\mathrm{III}}+\Delta t$，其中 t_2^{III} 为线路 WL_2 上保护 2 的电流Ⅲ段保护。

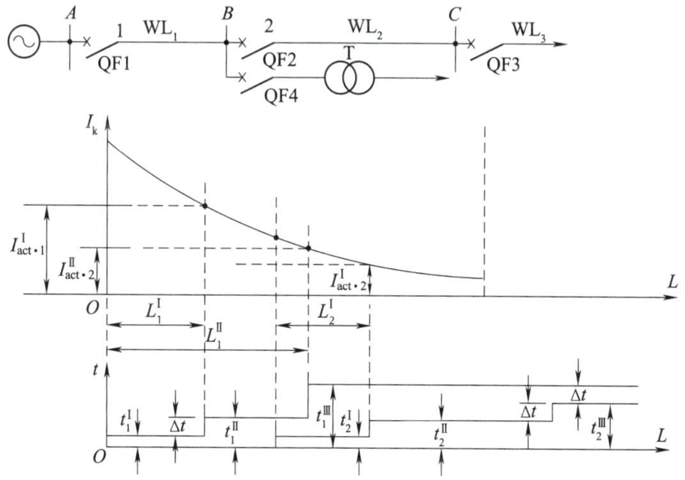

图 2-1-5　阶段式电流保护的时限特性

3. 原理接线图

继电保护的原理接线图一般可以用归总式原理接线图和展开式原理接线图两种形式来表示。

(1)归总式原理接线图

归总式原理接线图是用来表示保护装置的工作原理的,它以二次元件整体形式表示各二次元件之间的电气联系,并与一次接线有关部分画在一起。其相互联系的电流回路、电压回路,以及直流回路综合在一起,二次元件之间连线按实际工作顺序画出,不考虑实际位置。这样对继电保护整个装置形成一个清楚的整体概念。归总式原理接线图对分析继电保护装置二次回路的工作原理,了解动作过程都很方便。但由于电路中各元件之间的联系是以整体形式连接,当元件较多时,接线相互交叉,显得凌乱,加之没有画出元件内部接线、元件端子及连接线无符号标注,实际接线及查线很困难。

在图 2-1-6 所示的阶段式电流保护的归总式原理接线图中,KA1、KA2、KS1、KM0 组成电流Ⅰ段保护,KA3、KA4、KT1、KS2 组成电流Ⅱ段保护,KA5、KA6、KA7、KT2、KS3 组成电流Ⅲ段保护。出口中间继电器 KM0 触点带 0.1 s 延时,为的是躲过避雷器的放电时间。电流继电器 KA7 线圈中流过的电流为 A、C 两相电流之和,是为了在 Yd 联结变压器后发生两相短路时提高过电流保护的灵敏性。任一段保护动作均有相应的信号继电器 KS 的掉牌指示,可以知道哪段保护动作,从而分析故障的大致范围。

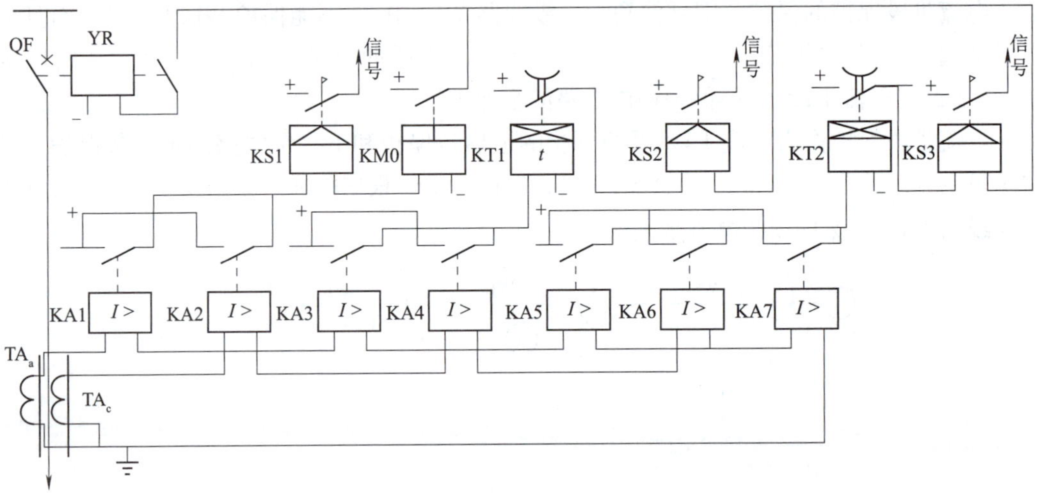

图 2-1-6　阶段式电流保护的归总式原理接线图

(2)展开式原理接线图

继电保护展开式原理接线图是按供电给二次回路的每个独立电源来划分的,即将二次回路按交流回路、直流操作回路、信号回路及保护出口回路等划分为几个主要部分。每一部分又分为许多行。交流回路按 A、B、C 相序排列。直流回路按元件先后动作顺序从上到下或从左到右排列,其中同一个继电器元件的线圈及触点要分开表示在各相回路里。各回路中,属于同一元件的线圈和触点采用相同的文字符号。各行或列中各元件的线圈、触点按实际连线方式,即按电流通过方向,依次连接成回路。在各行右边一般有文字说明,说明回路名称和各个回路的主要元件的作用。

图 2-1-7 为根据图 2-1-6 所示的阶段式电流保护归总式原理接线图绘制的展开式原理接线图，它由交流电流回路、直流回路和信号回路三部分组成。交流电流回路由电流互感器 TA_a、TA_c 构成两相星形联结，二次绕组接电流继电器 KA1 ~ KA7 的线圈。直流回路由直流屏引出的直流操作电源正控制小母线（ + WC）和负控制电源小母线（ - WC）供电。信号回路由直流屏引出直流操作电源正信号小母线和负信号小母线供电。

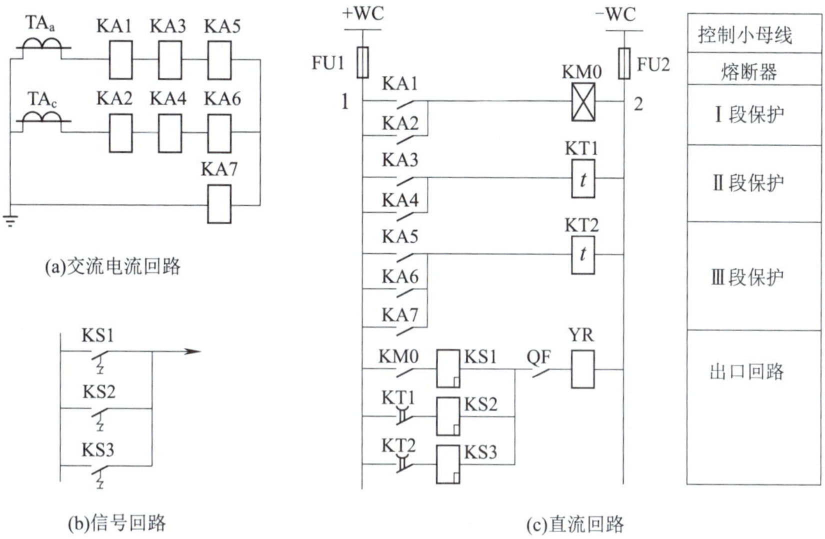

图 2-1-7　阶段式电流保护的展开式原理接线

从展开图 2-1-7 中看，属于同一继电器的各个组成部分（如线圈、触点）被画在不同的回路中，属于同一个继电器的全部部件均标注同一符号。在绘制展开图时，尽量按保护动作顺序从左到右、从上到下依次排列。展开图右侧有文字说明，以帮助了解各回路作用。

展开图虽然不如归总式原理图那样形象，但它能清楚地表达保护装置动作过程，易于查找错误，对于复杂回路的设计、研究、安装和调试来说非常方便。因此，展开图在生产上得到广泛应用。

4. 阶段式电流保护的优缺点

阶段式电流保护的主要优点是接线简单可靠，并且一般情况下都能较快切除故障。它一般应用于 35 kV 及以下电压等级的单侧电源电网中。其缺点是灵敏度和保护范围直接受系统运行方式和短路类型的影响。此外，它只在单侧电源供电网络中才有选择性。

五、电流保护的接线方式

所谓电流保护的接线方式，是指电流保护中电流继电器线圈与电流互感器二次绕组之间的连接方式。对保护接线方式的要求是能反映各种类型故障，且灵敏度尽量一致。电流保护接线方式主要有：三相三继电器式完全星形接线、两相三继电器式完全星形接线、两相两继电器式不完全星形接线和两相一继电器式电流差接线。

1. 三相星形接线（完全星形接线）

三相星形接线方式如图 2-1-8 所示，三相的电流互感器二次线圈接成星形，三相的电流继电器线圈也接成星形,电流互感器星形中性点与电流继电器星形中性点连接,每相电流互感器二次线圈的另一端与每相电流继电器线圈的另一端对应连接。三相的电流继电器触点并联。

任何一个电流继电器动作,都可以使后面的时间继电器或中间继电器动作,引起断路器跳闸,信号继电器发出保护动作的信号。

当发生任何形式的相间短路时,最少有两相流过短路电流,有两个继电器同时动作。可见,三相星形接线方式作为相间短路保护是可靠的。在中性点直接接地系统中,它还可以兼作接地保护。

三相星形接线方式比较复杂,主要用于重要设备的保护中。

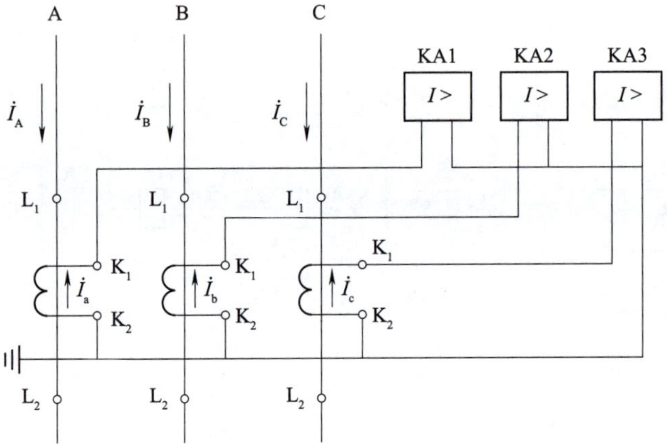

图 2-1-8　三相星形接线

2. 两相星形接线(不完全星形接线)

两相星形接线方式如图 2-1-9 所示,通常电流互感器和电流继电器都装在 A、C 两相,B 相无保护。在两相或三相短路时,最少有一相流过短路电流,因此最少有一个继电器动作。

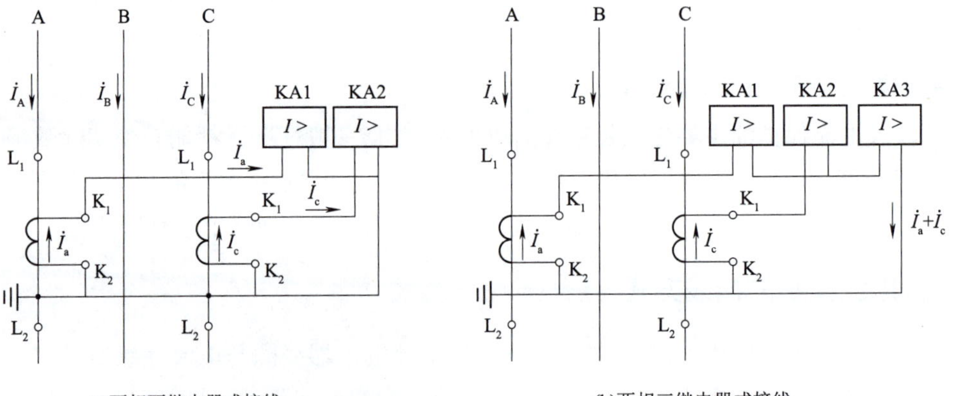

(a)两相两继电器式接线　　(b)两相三继电器式接线

图 2-1-9　两相星形接线

两相星形接线方式能满足相间短路保护的要求,接线简单,在 10 kV 及以下电压等级的电网中应用很广。但在线路上装有三相 Yd 或 Dy 接线变压器的情况下应作别论。当 Yd 或

Dy 接线降压变压器后面发生某种两相短路时，如果电源侧的电流保护采用两相星形接线方式，其灵敏系数比三相星形接线方式降低一半。这是因为电源侧I_A、I_C都只有I_B的一半，而 B 相未装电流继电器，灵敏系数只能由 A 相、C 相的电流决定。

3. 两相差电流接线

两相差接线方式如图 2-1-10 所示，继电器中流过的电流是两相电流之差，即 $\dot{I}_K = \dot{I}_a - \dot{I}_c$。

两相差接线方式虽然简单，但灵敏系数低，且当 Yd 或 Dy 接线变压器后面发生某种两相短路时，保护装置不能动作，故只能用于 10 kV 以下的电网中作为馈线和较小功率高压电动机的保护。

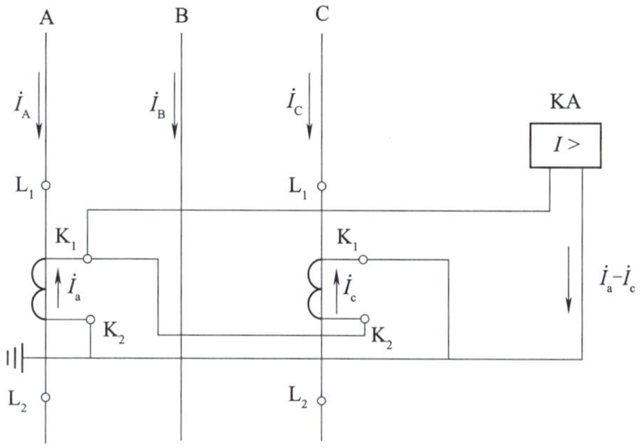

图 2-1-10　两相差电流接线

4. 各种接线方式的特点

（1）三相星形接线和两相星形接线的接线系数（指流入电流继电器的电流与电流互感器二次侧电流的比值）为 1。

（2）两相差电流接线的接线系数随短路类型而变化、性能不好，一般不用于线路保护，仅用于电动机保护。

（3）三相星形接线和两相星形接线中流入电流继电器的电流均为相电流，两种接线都能反映各种相间短路故障。

（4）三相星形接线可以反映各种单相接地短路。

（5）两相星形接线不能反映全部的单相接地短路（如 B 相接地）。

注意：

设计 Yd 或 Dy 接线降压变压器电流保护接线方式时的注意事项：

（1）不能采用两相差电流接线方式。

（2）一般采用三相星形接线方式。

（3）如果采用两相星形接线方式，应在中线上再接一个电流继电器 B（即等效 B 相电流保护）。

任务实施

某单侧电源供电网络如图 2-1-11 所示，线路 L_1、L_2上均装设三段式电流保护。系统在最大、最小运行方式下的系统电抗分别为$X_{s\cdot max}=14\ \Omega$，$X_{s\cdot min}=13\ \Omega$，$L_1$正常运行时最大负荷电流为120 A，$K'_{rel}=1.2$，$K''_{rel}=1.1$，$K'''_{rel}=1.2$，$K_{ss}=2.2$，$K_r=0.85$；$L_2$的过电流保护动作时限为2 s。对线路$L_1$进行三段式电流保护的整定计算，记录动作电流和动作时限，并对保护进行灵敏度校验。

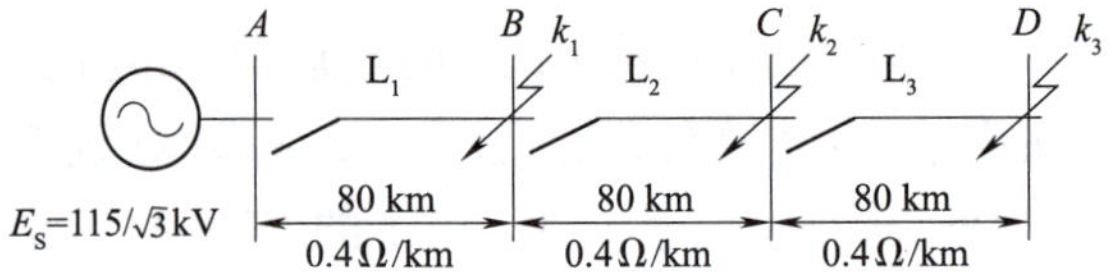

图 2-1-11　单侧电源供电网络

任务实施步骤
1. 接受任务,学习任务资讯,搜索并查阅与之相关的拓展文献资料。 2. 根据老师分配的小组,和组员一同完成任务:进行三段式电流保护的动作电流计算并记录数据。 3. 小组内讨论,并分析记录电流各段的动作时限。 4. 小组内进行三段式电流保护的灵敏度校验,并判断是否满足要求。 5. 每组汇报整定与校验的过程和结果,各小组之间交叉进行检查并讨论,提出意见。 6. 填写“项目评价表”:老师检查小组与个人完成的任务,提出意见并根据“项目评价”中的“评分标准”给出成绩
实施记录:
小组意见与老师意见记录:

任务二　电压保护

任务描述

本任务主要分析输电线路两相短路时的电压变化，以及电压速断保护的整定过程，从可靠性与灵敏性角度分析其建立过程。

任务资讯

电压保护是利用正常运行与短路状态下母线电压的差别构成的保护。利用被保护对象上电压突然增大使保护动作而构成的保护装置，称为过电压保护；利用被保护对象上电压突然下降使保护动作而构成的保护装置，称为低电压保护。

以下介绍反映电压下降使保护动作的电压速断保护，以及提高电压保护动作可靠性的电流闭锁电压保护和提高过电流保护动作灵敏性的低电压启动过电流保护的原理、组成、整定计算等方面的知识。

一、电压速断保护

1. 定义

当发生故障时，电压降低到一定数值后，能反映电压降低而不带时限瞬时动作切除故障的保护称为电压速断保护。

2. 动作特性

如图 2-2-1 所示的电压速断保护的动作特性中，类似于电流速断保护的分析，可以求出线路上发生短路故障时，母线上的残余电压分布的曲线。当系统为最小运行方式时，由于 I_k 最小，因此其残余电压最低。而当系统为最大运行方式时，残余电压为最高。

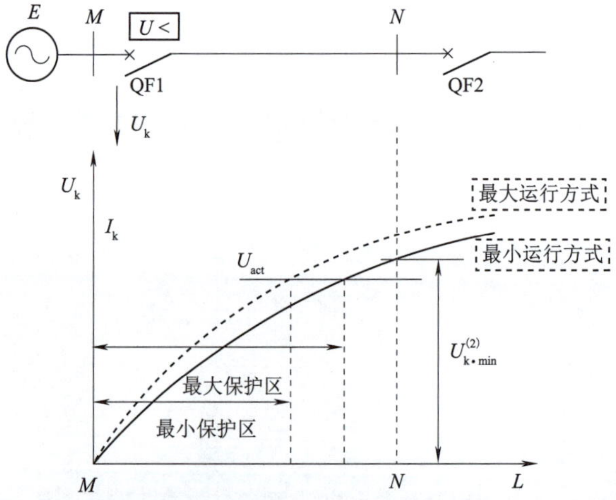

图 2-2-1　电压速断保护的动作特性

将启动电压的直线画在图 2-2-1 上，它与最大、最小运行方式下的曲线各有一个交点。在交点以前短路时，母线残余电压均低于其启动电压，保护装置能够动作。因此，电压速断保护在最小运行方式下的保护范围最大，而在最大运行方式下的保护范围则最小。由于在线路出口附近短路时，母线残余电压很低（甚至为零），因此电压速断保护在任何运行方式下总会有一定的保护范围。但不论是在最大运行方式下还是在最小运行方式下，电压速断保护均不能保护线路的全长。

3. 整定计算

电压速断保护的动作电压 U_{act} 要按照低于母线最小残余电压来整定，其计算公式如下：

$$U_{act} = \frac{U_{L \cdot min}}{K_{rel}}$$

式中　$U_{L \cdot min}$——保护范围末端最小两相短路时，保护安装处母线的最小残余电压；

K_{rel}——可靠系数，一般取 1.1 ~ 1.2。

4. 低电压保护的特点

（1）母线电压变化规律与短路电流相反，故障点距离电源越近，母线电压越低；母线电压越低，保护区越长。

（2）最大运行方式下短路电流较大，母线电压高，电压保护的保护区缩短。

（3）仅由母线电压不能判别是母线上哪一条线路故障，故电压保护无法单独用于线路保护。

二、电流闭锁的低电压速断保护

电压速断保护在电力系统保护的实际应用中常见的是用来给出失压信号，而不能用来动作于跳闸，原因如下：

（1）不能保证动作的选择性。在同一母线向两回及以上线路供电的情况下，任一回线路发生短路时母线电压都下降。如果此时母线上的残余电压低于电压速断保护的启动电压，则全部由该母线供电的线路电压速断保护就要无选择性地动作。

（2）当电压互感器一次侧或二次侧发生断线（例如熔断器熔断等）时，二次侧电压被迫为零，也会引起所有有关线路上的电压速断保护误动作，这是不容许的。为了解决这些问题，通常通过被保护线路上的电流是否增大来进行判别，即采用电流闭锁方式来防止电压速断保护误动作，如图 2-2-2 所示。

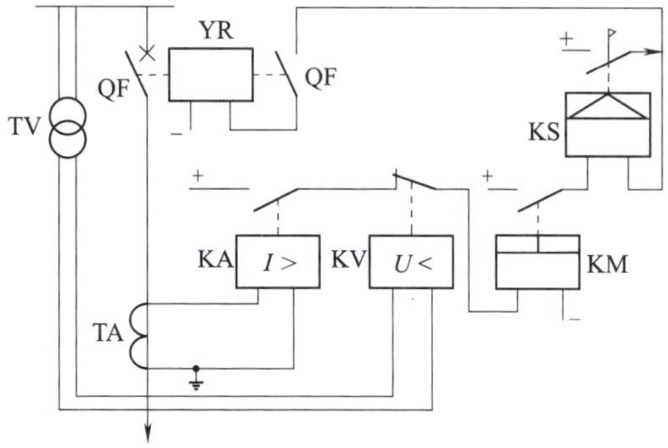

图 2-2-2　电流闭锁的低电压速断保护原理接线

只有当电流继电器和低电压继电器的触点同时闭合时,保护装置才能启动中间继电器而跳闸。

在每个电压速断保护中增加一个电流闭锁元件,且其动作电流 I_{act} 按躲开自身正常运行时的最大负荷电流整定,而不必考虑电动机自启动的影响,其计算公式如下:

$$I_{act}=\frac{K_{rel}}{K_r}\cdot I_{L\cdot max}$$

式中 K_{rel}——电流闭锁元件的可靠系数,一般取 1.1 ~ 1.2;

K_r——电流闭锁元件的返回系数,小于 1,一般取 0.85;

$I_{L\cdot max}$——被保护线路上的最大负荷电流。

电压元件的动作电压仍按 $U_{act}=\frac{U_{L\cdot min}}{K_{rel}}$ 进行整定。

三、低电压启动的过电流保护

在过电流保护中,当灵敏系数不能满足要求时,可采用低电压启动的过电流保护方式,以提高灵敏系数。这种保护在电气化铁路重负荷供电线路中得到了广泛的应用。

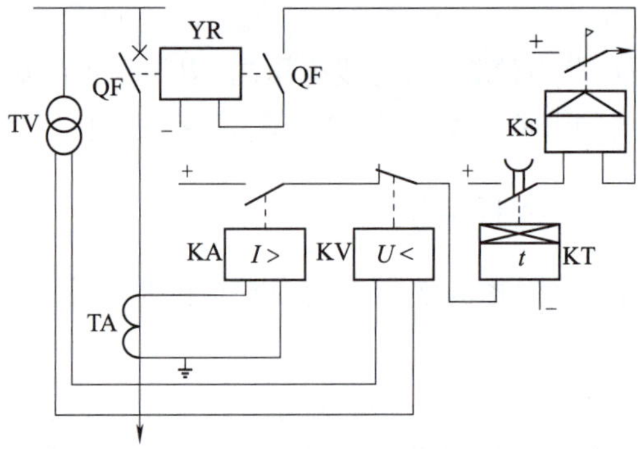

图 2-2-3　低电压启动的过电流保护原理接线

增加低电压启动元件后,只有当电流增大、电压降低到整定值时,保护装置才能动作于跳闸。因此,电流元件的动作电流 I_{act} 可以按照躲过线路的额定电流 I_N 来整定,即

$$I_{act}=\frac{K_{rel}K_{ss}}{K_r}I_N$$

式中 K_{rel}——可靠系数,一般取 1.1 ~ 1.2;

K_{ss}——线路中大型电机的自启动系数,一般取 1.5 ~ 3.0;

K_r——电流元件的返回系数,小于 1,一般取 0.85;

I_N——被保护线路上的额定电流。

低电压启动过电流保护的灵敏度校验以及动作时间确定与一般的过电流保护相同。

由于一般过电流保护的动作电流值按躲过线路的最大负荷电流 $I_{L\cdot max}$,而重负载线路中 $I_{L\cdot max}>I_N$,所以采用低电压启动后电流保护的动作电流下降,使灵敏度得到提高。但是,这种采用降低动作电流以提高动作灵敏度的方法,会导致电流保护在最大负荷电流 $I_{L\cdot max}$ 出现误动作的不可靠现象。采用低电压启动的目的就是克服这一可靠性上的不足。

低电压启动元件的动作电压 U_{act} 的整定计算要求保证在母线最低工作电压 $U_{L\cdot min}$ 下能

够可靠返回，即

$$U_{act}=\frac{U_{L\cdot min}}{K_{rel}K_r}$$

式中　$U_{L\cdot min}$——母线最低工作电压，一般取 $U_{L\cdot min}=0.9\,U_N$；

K_{rel}——可靠系数，一般取 1.1～1.2；

K_r——低电压启动元件的返回系数，一般取 1.15～1.25。

低电压启动元件的灵敏系数一般不做校验。

任务实施

某 35 kV/10 kV 变电所中，35 kV 母线有两路进线、两路出线，10 kV 母线有两路进线、多路出线。当系统运行方式改变后，线路上设置的电流速断保护和电压速断保护的保护范围都会发生改变；同时在铁路供电的重负荷线路中，在原有电流保护的基础上需要配置新的启动元件来提高灵敏度。分析保护范围的变化趋势并设计配置启动元件。

<table>
<tr><th>任务实施步骤</th></tr>
<tr><td>1. 接受任务,学习任务资讯,搜索并查阅与之相关的拓展文献资料。
2. 根据老师分配的小组,和组员一同完成任务:讨论运行方式改变后,电流速断保护与电压速断保护的范围。
3. 小组内分析设计配置启动元件的类型,并说明设计原因与过程。
4. 各小组之间交叉进行检查并讨论,提出意见。
5. 填写"项目评价表":老师检查小组与个人完成的任务,提出意见并根据"项目评价"中的"评分标准"给出成绩</td></tr>
<tr><td>实施记录:</td></tr>
<tr><td>小组意见与老师意见记录:</td></tr>
</table>

任务三　方向性电流保护

任务描述

本任务主要分析双电源网络系统或环形网络系统，当故障发生后，判断流过保护的功率的正反方向，并总结出方向性电流保护的动作原则。

方向性电流保护

任务资讯

一、方向性电流保护的工作原理

对于单电源辐射形供电网络，每条线路上只在电源侧装设保护装置即可。当线路发生故障时，只要相应的保护装置动作于断路器跳闸，便可以将故障元件与其他元件断开，但要造成一部分变电所停电。为了提高电网供电的可靠性，在电力系统中多采用双侧电源供电的辐射形电网或单侧电源环形电网供电。此时，采用阶段式电流保护将难以满足选择性要求，而应采用方向性电流保护。

1. 问题提出

在如图 2-3-1 所示的双侧电源供电网络接线中，由于两侧都有电源，因此在每条线路的两端均装设断路器和保护装置。当 k 点短路时，由左侧电源E_1从左向右向短路点 k 提供短路电流I'_k，右侧电源E_2从右向左向短路点 k 提供短路电流I''_k。按照选择性的要求，应该由距故障点最近的保护 2 和 6 动作。

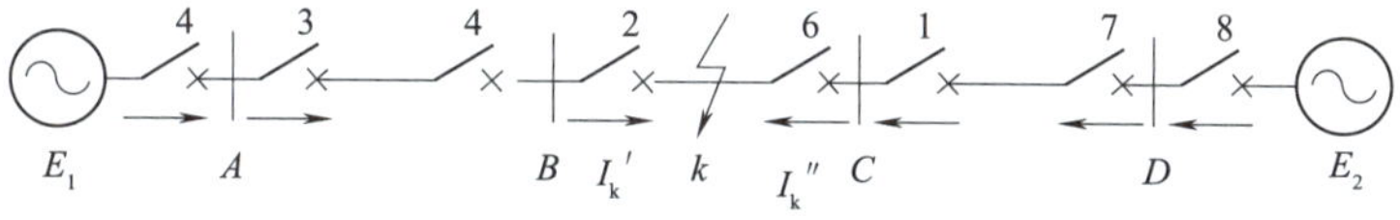

图 2-3-1　双侧电源供电网络

(1)电流速断保护的方向问题

若保护 1 采用电流速断保护且I''_k大于保护装置的启动电流$I'_{act\cdot 1}$，则保护 1 的电流速断保护就会误动作。因此，电流速断保护在双侧电源供电网络中无法满足选择性的要求。

(2)过电流保护的方向问题

若保护 1 采用过电流保护且其动作时限$t_1 \leqslant t_6$，则保护 1 的过电流保护也将误动作。由此可见，过电流保护在双侧电源供电网络中无法满足选择性的要求。

2. 解决方法

一般把短路时某点电压与电流相乘所得的感性功率，称为故障时的短路功率。线路上发生相间短路时，短路功率是从电源流向短路点。因此，图 2-3-1 中 k 点发生短路时，左侧电源E_1流经保护 2、3 的短路功率方向是由母线指向线路，而流经保护 5 的短路功率是由线路指向母线；右侧电源E_2流经保护 1 的短路功率方向是由线路指向母线，而流过保护 6、7 的短路功率方向是由母线指向线路。

通过上述分析可以发现，误动作的保护是在自己所保护的线路反方向发生故障时，由对侧电源供给的短路电流所引起的。对误动作保护而言，实际短路功率的方向是由被保护线路流向母线。显然，这与其对应保护的线路故障时的短路功率相反。

因此，为了解决在双侧电源供电或单侧电源环形供电网络中相间短路电流保护失去选择性和动作时限难以整定的问题，实际中采用在电流保护的基础上加装一个能判断短路功率流向的方向元件，即功率方向继电器，在测量电流大小的同时测量电流的方向。规定短路功率由母线流向线路为正方向，而短路功率由线路流向母线为反方向。功率方向元件只在短路功率为正方向时动作，而在短路功率为反方向时不动作，从而使继电保护动作具有一定的方向性。这种在电流保护的基础上加装方向元件的保护称为方向电流保护。方向电流保护既利用了电流的幅值特征，又利用了短路功率的方向特征。

当双侧电源网络中的电流保护装设方向元件以后，就可以将双侧电源网络中的电流保护拆成两个单侧电源网络的保护。在图 2-3-1 中，保护 1 ~ 4 反映电源E_1供给的短路电流而动作，保护 5 ~ 8 反映电源E_2供给的短路电流而动作，两组方向保护之间不要求有配合关系，这样任何一种所介绍的三段式电流保护的工作原理和整定计算原则就仍然可以应用了。

二、方向过电流保护的工作原理

在过电流保护的基础上增加功率方向继电器 KPD，就构成方向过电流保护。

图 2-3-2 中，功率方向继电器 KPD 由电压互感器 TV 和电流互感器 TA 供电，其常开触点和电流继电器 KA 的常开触点串联。因此，只有方向元件 KPD 和电流元件 KA 同时动作，才能启动时间继电器 KT，方向过电流保护装置动作于跳闸。因此，方向过电流保护的启动必须同时满足两个条件：

(1)电流超过整定值(动作电流)。

(2)功率方向符合规定的正方向(即短路功率由母线流向线路)。

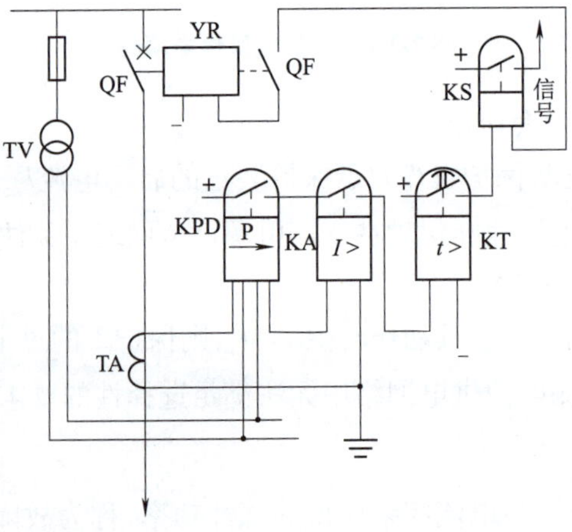

图 2-3-2　方向性电流保护的原理接线

正常运行时，电流继电器 KA 不启动，其触点断开，时间继电器 KT 不启动，跳闸线圈 YR 不发跳闸脉冲。反方向故障时，电流继电器 KA 启动，但功率方向继电器 KPD 不启动，故

KT 不启动,不发跳闸脉冲。正方向故障时,KPD 启动,其触点闭合,而且 KA 动作,KT 经过延时后动作,发出跳闸脉冲,断路器跳闸,切除故障。

三、功率方向继电器的工作原理

在图 2-3-3 所示的网络接线中,当正方向三相短路时,则流过保护的短路电流 $\dot{I}$ 滞后保护安装处母线电压 $\dot{U}$ 的相位角 φ 为 $0°\sim90°$,短路功率$P_k=UI\cos\varphi>0$;而当反方向三相短路时,则流过保护的短路电流 $\dot{I}$ 滞后保护安装处母线电压 $\dot{U}$ 的相位角 φ 为 $180°\sim270°$,短路功率$P_k=UI\cos\varphi<0$。

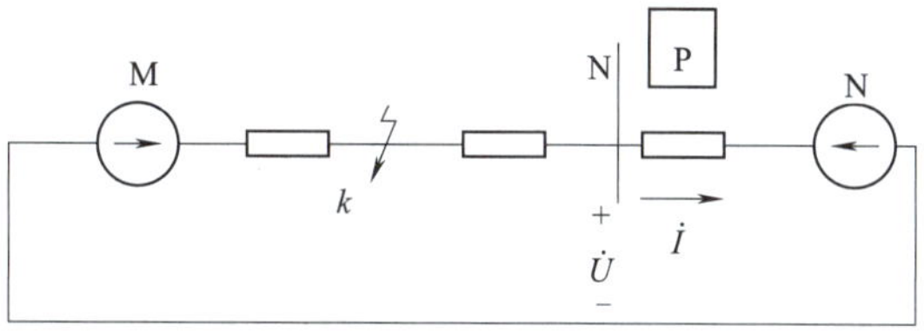

(a)网格接线

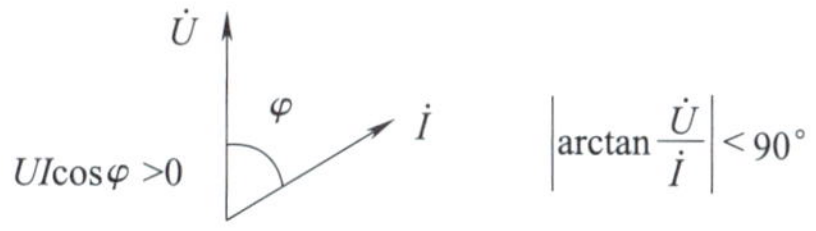

(b)正方向故障时电压、电流相位关系

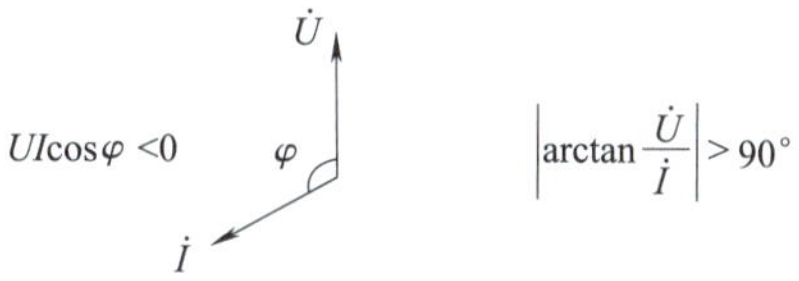

(c)反方向故障时电压、电流相位关系

图 2-3-3　功率方向继电器的工作原理

因此,通过判别短路功率方向和电流、电压之间的相位关系,就可以判别故障的方向。用于判别功率方向或测定电流、电压间相位角的继电器称为功率方向继电器。

四、相间短路功率方向继电器的接线方式

1. 定义

功率方向继电器的接线方式是指其作为方向性电流保护中的方向元件,在实际应用中接入电压互感器 TV 和电流互感器 TA 的方式。不同的接线方式决定了引入功率方向继电器中电流和电压的相位关系,也是决定功率方向继电器是否能够正常而灵敏动作的关键。

2. 接线要求

(1)正方向出现任何形式的故障,继电器都能动作;而当反方向出现故障时,继电器可

靠不动作。

(2)正方向故障时加入继电器的电流和电压应尽可能大,灵敏度尽可能高。

3. 90°接线方式

为了满足以上要求,反映相间短路的功率方向继电器广泛采用90°接线。所谓90°接线,是假设三相电压对称负载为纯电阻时,对任何一个方向继电器所施加的电流和电压相位都相差90°的一种接线方式,即一个功率方向继电器的电流线圈接入某一相电流,电压线圈接入另外两相相间电压,见表2-3-1。在三相对称的情况下,每个功率方向继电器电压线圈所加的相间电压比电流线圈加入的电流所属相别的相电压滞后90°。

表2-3-1 90°接线方式

功率方向继电器	电流	电压
KPD_a	$\dot{I}_a$	$\dot{U}_{bc}$
KPD_b	$\dot{I}_b$	$\dot{U}_{ca}$
KPD_c	$\dot{I}_c$	$\dot{U}_{ab}$

保护处于送电侧,当 $\cos\varphi=1$ 时,3个功率方向继电器测量的φ_k均为90°。

五、方向元件的装设原则

在三段式电流保护的基础上加装功率方向继电器,构成方向过电流保护。对于双侧电源电网及单电源环网,可将其拆成两个单侧电源电网,分别按单侧电源电网的三段式电流保护进行分析。

在双侧电源线路上,并不是所有的电流保护装置中都需要装设方向元件,只有在仅靠时限不能满足动作选择性要求时,才需要装设方向元件。

1. 装设原则

在满足选择性和灵敏性的情况下,应尽量少装或不装方向元件。连接于同一变电所母线的各线路的过电流保护,若动作时限不同,则动作时限长的可不装设方向元件,动作时限短的应装设方向元件;若动作时限相同,则都应装设方向元件。

2. 各段保护方向元件的装设

(1)第Ⅰ段

由于其动作选择性是靠动作电流的整定来保证,所以只有当反向短路电流大于其动作电流时,才需装设方向元件,否则可不装。

(2)第Ⅱ段

由于其动作选择性是靠动作电流和动作时限共同取得的,所以当反向短路电流大于其动作电流或反向保护的动作时限小于本保护的动作时限时,装设方向元件。

(3)第Ⅲ段

其动作选择性是靠动作限保证的,所以可比较同一条母线两侧的两个保护的动作时限,如动作时限相同,均加方向元件,动作时限不同,则动作时限短的加方向元件。

六、方向性电流保护的优缺点

方向性电流保护的主要优点是能保证单电源环形网和多电源网各段电流保护之间动作的选择性。但是,当在继电保护中应用方向元件以后,将使接线复杂,投资增大。同时,保护装设地点附近正方向发生三相短路时,存在电压死区,使整套保护装置拒动。而且当电压互感器二次侧熔断时,方向元件有可能误动。此外,当系统运行方式变化时,会严重影响保护的技术性能。

任务实施

对图 2-3-4 所示的单电源环形网络,在各断路器上均装设过电流保护,已知时限级差为 0.5 s。为保证动作的选择性,通过分析,确定各电流保护的动作时间及哪些保护要装设方向元件。

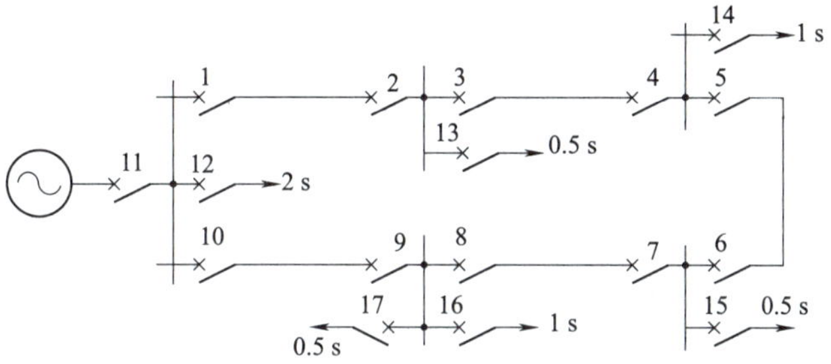

图 2-3-4　单电源环形网络

任务实施步骤
1. 接受任务，学习任务资讯，搜索并查阅与之相关的拓展文献资料。 2. 根据老师分配的小组，和组员一同完成任务：讨论系统中各电流保护的动作时间。 3. 小组内分析讨论需要装设方向元件的保护并记录结论。 4. 每个小组设置不同短路点，判断各个方向元件此时是否应该动作，并记录结果。 5. 各小组之间交叉进行检查并讨论，提出意见。 6. 填写“项目评价表”：老师检查小组与个人完成的任务，提出意见并根据“项目评价”中的“评分标准”给出成绩
实施记录：
小组意见与老师意见记录：

任务四 接地保护

任务描述

本任务分析中性点接地系统中的零序分量的产生及其特点，针对中性点直接接地系统，利用保护装置进行接地保护方案设计。

任务资讯

一、电网的中性点运行方式

电力系统中性点运行方式是指系统中主变压器和发电机中性点的接地方式。中性点接地方式与电压等级、单相接地短路电流、过电压水平、保护配置等有关，对于电力系统的运行，特别是对发生故障后的系统运行有多方面的影响。它将直接影响电网的绝缘水平、系统供电的可靠性和连续性、主变压器和发电机的运行安全，以及对通信线路的干扰等。所以在选择中性点接地方式时，必须考虑许多因素。

我国电力系统根据中性点接地方式的不同，可分为大接地短路电流系统和小接地短路电流系统。

在大接地短路电流系统中如果发生了接地故障，设备中会产生很大的短路电流，如不及时切除故障设备，后果不堪设想。所以，这种系统中继电保护的任务是尽快跳闸。

在小接地短路系统中如果发生了接地故障，流过设备的电流为电容电流，其值很小，系统可以继续运行一段时间。所以，这种系统中继电保护的任务是发出信号。

为电气化铁路牵引变电所供电的110～220 kV系统，属于中性点直接接地系统（又称大接地短路电流系统）。这种系统广泛采用零序电流保护作为接地保护。

二、系统各种故障状态下正序、负序和零序分量分析

（1）发生三相短路故障和正常运行时，系统中只有正序分量。

（2）发生单相接地故障时，系统中有正序、负序和零序分量。

（3）发生两相短路故障时，系统中有正序和负序分量。

（4）发生两相短路接地故障时，系统中有正序、负序和零序分量。

（5）任何不对称短路情况下，短路电流中都存在负序分量。

（6）发生相间短路时，短路电流中不存在零序分量。

（7）同短路电流中的非周期分量一样，不对称短路时短路电流中的负序分量和零序分量都将逐渐衰减到零。

由此可见，出现零序电流和零序电压即表明电力系统发生了接地短路。可利用这一特点构成接地短路保护，这种保护称为零序保护，也称接地保护。

三、中性点直接接地电网的接地保护

1. 发生接地故障时零序分量的特点

计算零序电流的等效网络如图 2-4-1 所示。零序电流可看成是由接地短路点出现的零序电压 $\dot{U}_{f0}$产生的，由接地短路点流向变压器接地的中性点。由于零序电流必须通过变压器接地的中性点来构成回路，所以零序电流的大小和分布与变压器中性点接地数目和位置有关。

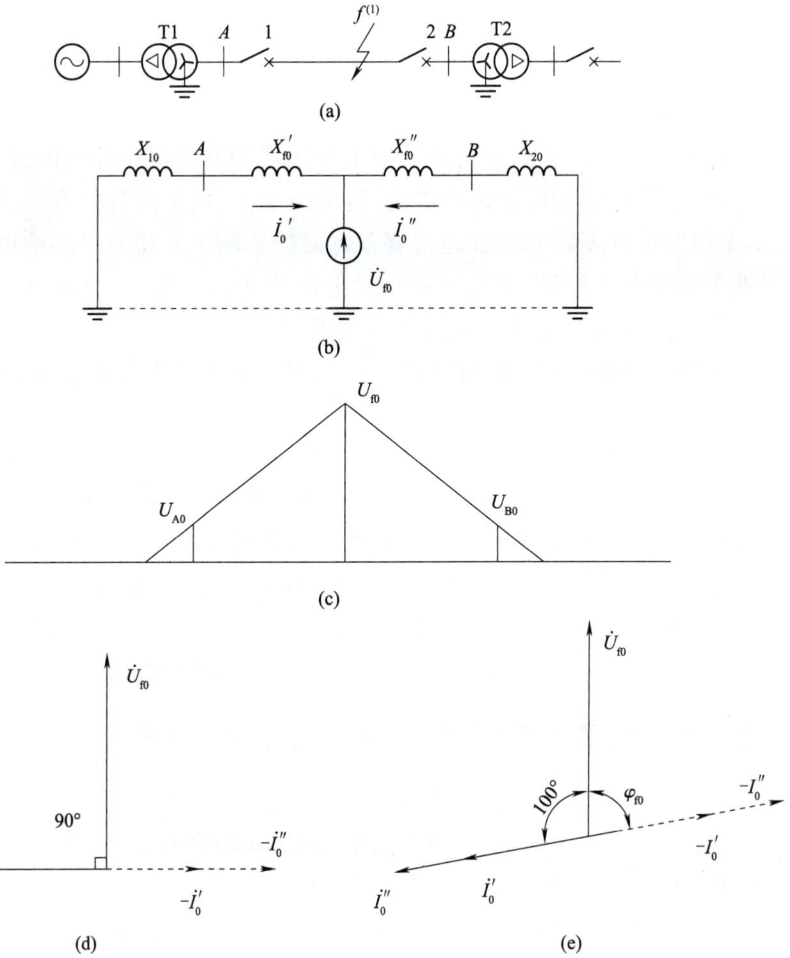

图 2-4-1 零序电流的等效网络及电流、电压分布

(1)零序电压:故障点的零序电压最高,距离故障点越远,零序电压越低,到变压器中性点接地处零序电压等于 0。

(2)零序电流:零序电流的大小和分布,决定于线路的零序阻抗和中性点接地变压器的零序阻抗及变压器接地中性点的数目和位置,而与电源的数量和位置无关。

(3)零序电压和零序电流的相位:在正方向短路下,保护安装处母线零序电压与零序电流的相位关系,取决于母线背后元件的零序阻抗(一般为 70°~80°),而与被保护线路的零序阻抗和故障点的位置无关。

(4)零序功率:对于发生故障的线路,零序功率的方向与正序功率的方向相反,零序功率方向实际上都是由线路流向母线的。

(5)在电力系统运行方式变化时,如果送电线路和中性点接地的变压器数目不变,则零序等效网络就是不变的,零序分量的大小不变。

2. 零序分量滤过器

对称分量滤过器的作用是只让需要的分量通过,而将其他分量阻挡。其中,只让零序分量通过的对称分量滤过器,称为零序分量滤过器。零序分量滤过器又分为零序电流滤过器和零序电压滤过器。

(1)零序电流滤过器

如图2-4-2所示,由电流互感器二次侧三相的首端并联、末端并联,两并联点为输出端而构成了零序电流滤过器。对于正序或负序电流分量,三相相加为零;对于零序电流分量,三相相加不为零。因此,零序电流滤过器输出端只有零序电流分量 $3\dot{I}_0$ 出现。

在正常运行和相间短路时,流过零序电流过滤器的电流为

$$\dot{I}_k=\dot{I}_a+\dot{I}_b+\dot{I}_c=0$$

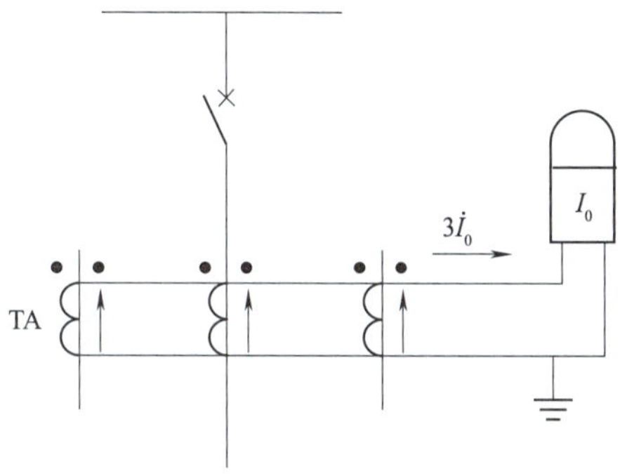

图 2-4-2 零序电流滤过器

而当发生接地故障时,三相电流互感器二次侧流入继电器的电流为零序电流,即

$$\dot{I}_k=\dot{I}_a+\dot{I}_b+\dot{I}_c=3\dot{I}_0\neq 0$$

(2)零序电压滤过器

零序电压的取得,通常采用图2-4-3(a)所示的三个单相电压互感器和图2-4-3(b)所示的三相五柱式电压互感器,即由电压互感器二次侧接成开口三角形构成的零序电压滤过器。对于正序或负序电压分量,三相相加为零;对于零序电压分量,三相相加不为零。因此,电压互感器二次侧开口三角形输出端只有零序电压分量 $3\dot{U}_0$ 出现。

正常运行和电网相间短路时,m、n 端子上输出电压为零,即

$$\dot{U}_{mn}=\dot{U}_A+\dot{U}_B+\dot{U}_C=0$$

而当发生接地故障时,从 m、n 端子上得到的输出电压为零序电压,即

$$\dot{U}_{mn}=\dot{U}_A+\dot{U}_B+\dot{U}_C=3\dot{U}_0$$

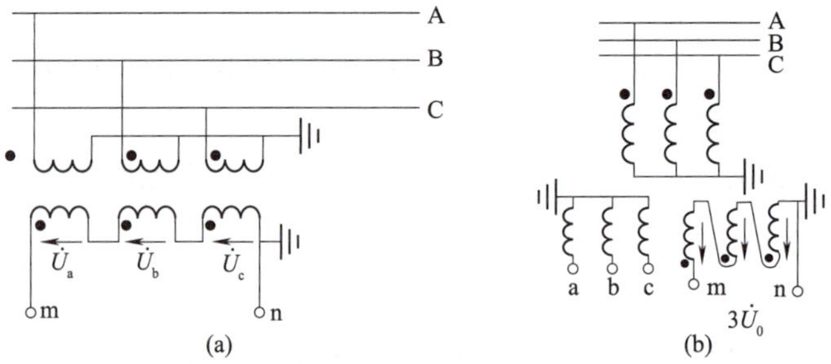

图 2-4-3　零序电压滤过器

正常运行和电网相间短路时,理想输出 $\dot{U}_{mn}=0$,但实际上由于电压互感器的误差及三相系统对地不完全平衡,此时在开口三角形侧也有电压输出,此电压称为不平衡电压 $\dot{U}_{unb}$。

3. 零序电流保护

在单侧电源情况下的中性点直接接地系统中,高压输电线路常采用三段零序电流保护。其原理与三段式电流保护相似,即包括零序电流速断保护、限时零序电流速断保护和零序过电流保护。三段式零序电流保护的原理接线图和时限特性也与三段式电流保护相似,不同的是三相的电流互感器二次线圈接成零序电流滤过器。零序Ⅰ段、Ⅱ段作为本线路的主保护,零序Ⅲ段作为本线路和相邻元件的后备保护。

(1)零序电流速断保护(零序Ⅰ段)

零序电流速断保护动作电流I'_{act}按下述两个条件整定:

①躲开下一条线路末端(或下一条线路出口处)发生单相接地或两相接地短路时,可能出现的最大零序电流 $3I_{0\cdot max}$,此时 I'_{act}为

$$I'_{act}=K'_{rel}3I_{0\cdot max}$$

式中　K'_{rel}——可靠系数,取 1.2 ~ 1.3。

$3I_{0\cdot max}$——取单相接地短路时的零序电流$I_0^{(1)}$和两相接地短路时的零序电流$I_0^{(1,1)}$的最大值。

②躲过断路器三相触头不同时合闸所出现的最大零序电流 $3I_{0\cdot ns}$,此时 I'_{act}为

$$I'_{act}=K'_{rel}3I_{0\cdot ns}$$

式中　K'_{rel}——可靠系数,取 1.1 ~ 1.2。

零序Ⅰ段不进行灵敏度校验,其保护范围应不小于被保护线路全长的 15% ~20% 。

零序Ⅰ段的动作时限,就是相应的电流继电器和中间继电器的固有动作时间。

(2)限时零序电流速断保护(零序Ⅱ段)

①动作电流

零序Ⅱ段的启动电流I''_{act}应与下一段线路的零序Ⅰ段保护的动作电流相配合,即按躲过下一条线路零序Ⅰ段保护范围末端接地短路时,流过本保护装置的最大零序电流整定,即

$$I''_{act\cdot 2}=K''_{rel}3I''_{0k\cdot max}$$

式中　K''_{rel}——可靠系数,正常情况下取 1.1 ~ 1.2,若考虑某些变压器参数不准确,应取大一些,采用 1.5 ~ 2.0;

$3I''_{0k\cdot max}$——下一条线路零序Ⅰ段保护范围末端发生接地短路时，流过本保护装置的最大零序电流。

②动作时限。

零序Ⅱ段的动作时限与下一条线路零序Ⅰ段的动作时限相配合，高出时间极差 Δt，一般取 0.5 s。

③灵敏度校验。

零序Ⅱ段的灵敏系数K_{sen}应按照本线路末端发生接地短路时的最小零序电流来校验，并满足$K_{sen}\geqslant 1.3$ 的要求。当灵敏系数不能满足要求时，可按躲过下一条线路零序Ⅱ段保护范围末端接地短路时流经本保护装置的最大零序电流来整定，动作时限也要与下一条线路的零序Ⅱ段的动作时限相配合。

(3)定时限零序过电流保护(零序Ⅲ段)

零序Ⅲ段的作用相当于相间短路的过电流保护，一般作为后备保护，在中性点直接接地电网中的终端线路上也可作为主保护。

①动作电流。

零序过电流保护装置中的电流继电器的动作电流I'''_{act}，按躲开在下条线路出口处三相短路时所出现的最大不平衡电流$I_{unb\cdot max}$即

$$I'''_{act}=K''_{rel}I_{unb\cdot max}$$

式中　K''_{rel}——可靠系数，取 1.2 ~ 1.3；

$I_{unb\cdot max}$——线路出口处三相短路时的最大不平衡电流。

②灵敏度校验。

零序过电流保护的灵敏系数K_{sen}，按保护范围末端接地短路时流过继电器的最小零序电流 $3I_{0\cdot min}$来校验，即

$$K_{sen}=\frac{3I_{0\cdot min}}{I'''_{act}}$$

作为本线路的近后备保护时，按本线路末端发生接地故障时的最小零序电流 $3I_{0\cdot min}$，要求$K_{sen}\geqslant 2.0$。作为下一条线路的远后备保护时，按下一条线路保护范围末端发生接地故障时，流过本保护的最小零序电流 $3I_{0\cdot min}$，要求$K_{sen}\geqslant 1.5$。

③动作时限

零序Ⅲ段的作用相当于相间短路的过电流保护，在一般情况下是作为后备保护使用的，但在中性点直接接地电网中的终端线路上，它也可以作为主保护使用。

由于相串联的有关各条线路的零序过电流保护装置中，电流继电器的动作电流都是按躲过不平衡电流的原则整定的，其动作电流一般都很小，因此，在本电压级(未经变压器隔离的)网络中发生接地短路时，都可能启动。为了保证动作选择性，零序过电流保护的动作时限也必须按阶梯形原则来确定。

因为 YNd 接线变压器三角形侧发生任何形式的短路故障，都不会在 YN 侧引起零序电流，所以 YN 侧的零序过电流保护装置不需要考虑与三角形侧相配合的问题。因此，如图 2-4-4所示的零序过电流保护的时限特性，只需要考虑保护 4、5、6 的配合，无须考虑它们和 1、2、3 的配合关系。安装在负载端变压器上的零序过电流保护 4 可以是瞬时动作的。按照选择性的要求，保护 5 应比保护 4 高出一个时间极差 Δt，保护 6 又应比保护 5 高出一个时

间极差 Δt,即在同一线路上,与用于相间短路的过电流保护动作时限相比,零序过电流保护的动作时限较短,这是它的一个优点。

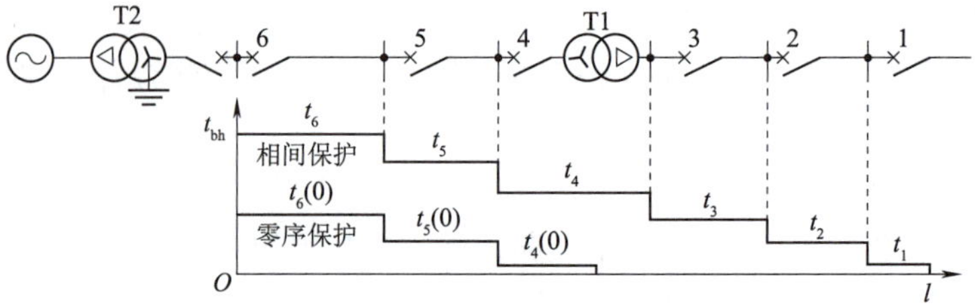

图 2-4-4　零序过电流保护的时限特性

4. 零序电流保护的优缺点

零序电流保护接线简单、可靠,与相间短路的电流保护相比有较高的灵敏度,且动作时限较相间保护短。零序电流保护不能反映系统振荡和过负荷,只反映接地短路,不能反映相间短路。对于短线路或运行方式变化很大的情况,保护往往不能满足系统运行所提出的要求。

任务实施

对于采用电缆引出的送电线路,系统广泛采用零序电流互感器接线以获得 $3\dot{I}_0$,如图 2-4-5所示。此电流互感器套在电缆外侧,从其铁芯中穿过的电缆芯线就是一次绕组,$\dot{I}_A+\dot{I}_B+\dot{I}_C$就是一次电流。分析零序电流互感器的工作原理、输出方式及优缺点。

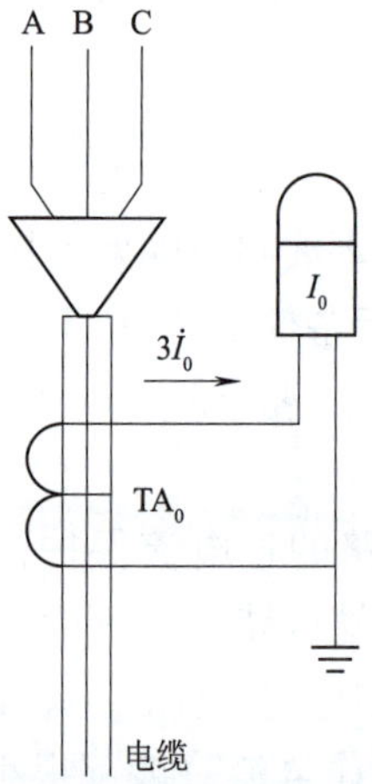

图 2-4-5　零序电流互感器

任务实施步骤
1. 接受任务，学习任务资讯，搜索并查阅与之相关的拓展文献资料。 2. 根据老师分配的小组，和组员一同完成任务：讨论零序电流互感器的工作过程。 3. 小组内分析讨论零序分量如何输出，以及采用零序电流互感器的优点，并记录结论。 4. 各小组之间交叉进行检查并讨论，提出意见。 5. 填写“项目评价表”：老师检查小组与个人完成的任务，提出意见并根据“项目评价”中的“评分标准”给出成绩
实施记录：
小组意见与老师意见记录：

项目评价

任务	任务内容	配分	评分标准	得分
任务一	三段式电流保护	30	1. 动作电流计算错误，扣 10 分； 2. 各段的动作时限错误，扣 10 分； 3. 灵敏度校验错误，扣 10 分	
任务二	电压保护	20	1. 运行方式改变后，电压保护、电流保护的范围错误，扣 10 分； 2. 启动元件设计不完整，扣 10 分	
任务三	方向性电流保护	25	1. 元件的功率方向判断错误，扣 10 分； 2. 需要装设方向元件的设备错误，扣 15 分	
任务四	接地保护	25	1. 描述零序电流互感器工作过程错误，扣 15 分； 2. 零序电流互感器的输出结论错误，扣 10 分	
学号			总分	

思考与练习

1. 简述瞬时电流速断保护、限时电流速断保护和过电流保护的定义。
2. 简述对阶段式电流保护的评价。
3. 简述方向性电流保护的组成部分。
4. 简述建立方向性电流保护的原则。
5. 简述功率方向继电器的基本原理。
6. 说明大接地电流电网的零序网络的特点。
7. 试述电压速断保护的建立与整定过程，如何提高工作可靠性？

项目三

输电线路的距离保护

素养园地

新时代铁路榜样——“生命禁区”追逐青春梦想

青藏集团有限公司西宁通信段清水桥通信综合工区位于可可西里地区，海拔 4 525 m，驻地前不远处就是四季白雪皑皑的玉虚峰，四周全是苍凉戈壁，方圆 20 公里荒无人烟。从列车车窗远眺，工区就像一叶扁舟，漂泊在空旷辽阔的大地上。

填写台账、查看工作记录、制订作业计划、准备工具材料……清水桥通信综合工区工长马海龙总是早早来到工区，将当天的工作布置妥当。自 2018 年来到清水桥至今，2 000 多天里，马海龙坚守在“生命禁区”，发扬“挑战极限、勇创一流”的青藏铁路精神，胸怀梦想、笃行实干，为确保雪域高原铁路安全稳定而默默奉献。

2018 年 9 月，马海龙被调至清水桥通信综合工区，成为入驻“生命禁区”可可西里的第一批通信人。这里的通信设备大量采用 60 芯和 64 芯的铠装电缆，并使用 GSM-R 无线通信技术，都是马海龙以前没有接触过的。为此，他常常向经验丰富的老师傅请教，拿着应知应会口袋书一遍遍揣摩，摸清工区的每一米线缆、每一组通信设备，详细记录下不同季节的不同病害规律。

可可西里高寒缺氧，在这里零负重步行也相当于平原地区负重几十公斤所消耗的能量。对于 14 名工区职工而言，最艰难的莫过于每隔 1 年 ~3 年更换一次基站蓄电池和全面排查漏缆。在海拔 5 010 m 的风火山隧道口，马海龙和工区职工抬着沉重的梯子，顶着刺骨的寒风，一丝不苟地排查着漏缆。每检查完一处设备，戴着头灯的马海龙都要反复确认挂钩是否紧固、零部件是否掉落到线路上。

用脚步和汗水度量自己的人生，马海龙先后获得全路技术能手、火车头奖章、铁路青年五四奖章及青藏集团公司优秀共产党员、党员技术标兵、先进生产者、青年岗位能手等诸多荣誉。作为天路青年榜样，马海龙正浓墨重彩地书写着灿烂的青春华章，展现着新时代天路青年的精神风貌。

感想领悟：

学习目标

1. 能力目标

(1)能够准确掌握距离保护的工作原理。

(2)能够进行三段式距离保护的整定计算。

(3)能够准确判断保护安装处到故障点之间的测量阻抗。

(4)能够准确说明阻抗继电器的工作方式。

(5)能够说明影响距离保护正确工作的因素。

(6)能够说出振荡闭锁装置的基本要求。

2. 知识目标

(1)掌握距离保护的正确接线。

(2)理解阻抗继电器的动作特性方程。

(3)掌握三段式距离保护的各段的保护范围。

(4)掌握防止过渡电阻影响距离保护的防治措施。

(5)了解分支线路对距离保护的影响。

3. 素质目标

(1)具有热爱祖国、服务人民的家国情怀。

(2)具有科技报国、安全保电的使命担当。

(3)具有积极向上的合作精神与团队意识。

电流、电压保护具有简单、可靠、经济等优点。但是,随着用电需求的增大,供电网络进一步发展,出现了大容量、高电压、结构复杂的网络。对于一些高压长距离重负荷线路,当负荷电流大,线路末端短路时,会出现短路电流与负荷电流相差不大的情况,这时电流保护就往往不能满足灵敏度的要求。

因此,电流、电压保护一般只适用于35 kV及以下电压等级的配电网。对于110 kV及以上电压等级的电力网,线路保护采用距离保护。

本项目主要介绍距离保护的基本概念和工作原理、阻抗继电器的工作原理及动作特性、距离保护的接线、距离保护的整定计算,以及影响距离保护正确工作的因素。

任务一　距离保护的基本原理

任务描述

本任务主要分析设置距离保护的必要性,介绍距离保护的组成部分与动作过程,并进行阻抗的测量。

任务资讯

我国电气化铁路牵引变电所是由110/220 kV系统供电。有些牵引变电所高压采用了桥式接线,由双侧电源或环形电网供电。这类牵引变电所高压侧母线除了担当本所引负荷之外,还有电力系统的负荷电流穿越。因此,这类牵引变电所高压进线采用电流保护往往不能满足要求，而需要采用距离保护作为相间短路保护。

一、距离保护的工作原理

距离保护是反映保护安装处至故障点的距离，并根据距离的远近而确定动作时限的一种保护。而保护安装处与故障点的距离，实际上是测量保护安装处至故障点之间的阻抗大小，故又称为阻抗保护。线路短路时，阻抗的大小主要与线路的长短有关，短路点距离测量点的线路越长，其阻抗值越大；反之，其阻抗值越小。

距离保护通过测量反映出来的测量阻抗，在故障前后变化明显，比电流变化量大，因而比反映单一物理量的电流保护灵敏度高。与电流保护一样，距离保护也有一个保护范围，当短路发生在这一范围内时，保护动作，否则保护不动作。

如图 3-1-1 所示的供电系统中，如果 M 处距离保护 1 的动作整定值为Z_{set}，其实际保护范围为线路 MN。当k_1点故障时，故障点k_1至保护装置安装处 M 的短路阻抗为Z_{k1}，则$Z_{k1}>Z_{set}$，距离保护 1 不动作；当 k_2 点故障时，故障点 k_2 至保护装置安装处 M 的短路阻抗为Z_{k2}，则$Z_{k2}<Z_{set}$，距离保护 1 动作。由此可见，在距离保护 1 的保护范围 MN 内任何一点发生短路故障时，其短路阻抗总是小于保护装置的动作整定值Z_{set}，保护装置均能够动作；反之，短路故障点发生在保护范围 MN 外时，其短路阻抗总是大于保护装置的动作整定值Z_{set}，保护装置不动作。因此，距离保护又被称为低阻抗保护。

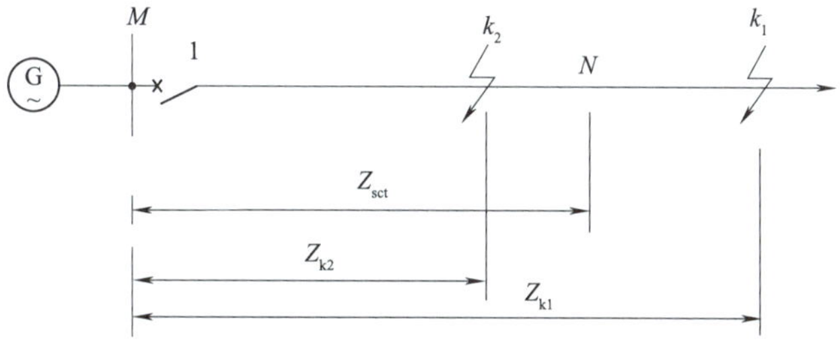

图 3-1-1　距离保护的工作原理示意

二、距离保护中阻抗的测量

距离保护装置中的阻抗继电器通常是经过电流互感器 TA 和电压互感器 TV 接入电力系统，并通过检测线路的电流和母线的电压来测量阻抗值。阻抗继电器是距离保护装置中的核心元件，它主要用来作为测量元件，也可以作为启动元件和兼做功率方向元件。其原理示意如图 3-1-2 所示。

正常运行时保护安装处继电器测量到的线路阻抗为负荷阻抗，即

$$Z_m=\frac{\dot{U}_Z}{\dot{I}_Z}=\frac{\dot{U}_m/n_{TV}}{\dot{I}_m/n_{TA}}=Z_L\cdot\frac{n_{TA}}{n_{TV}}$$

式中　Z_m——继电器的测量阻抗；

$\dot{U}_Z$——接入继电器的电压；

$\dot{I}_Z$——接入继电器的电流；

$\dot{I}_m$——线路中的一次电流；

$\dot{U}_m$——保护安装处母线的一次电压；

Z_L——线路的负荷阻抗；

n_{TA}——电流互感器变比；

n_{TV}——电压互感器变比。

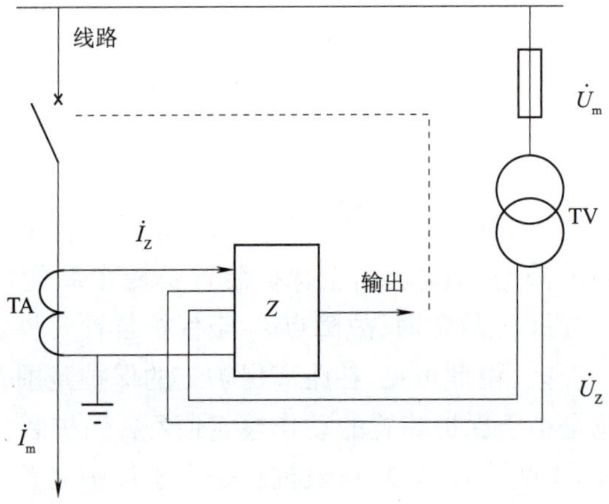

图 3-1-2　阻抗继电器的原理示意

在被保护线路上任一点发生短路故障时，继电器的测量阻抗为保护安装地点到短路点的短路阻抗，即

$$Z_m = \frac{\dot{U}_k}{\dot{I}_k} = \frac{\dot{U}_m/n_{TV}}{\dot{I}_m/n_{TA}} = Z_k \cdot \frac{n_{TA}}{n_{TV}}$$

式中　$\dot{U}_k$——线路短路故障时母线的电压；

$\dot{I}_k$——线路短路故障电流；

Z_k——故障点到保护安装处的短路阻抗。

三、距离保护的组成

距离保护主要由启动元件、测量元件、时间元件、振荡闭锁元件和电压回路断线失压闭锁元件五部分组成，其组成结构如图 3-1-3 所示。

1. 启动元件

启动元件用来判断线路是否发生了故障，并兼有后备保护的作用。当被保护线路发生故障时，瞬间启动保护装置，通常启动元件采用电流继电器或阻抗继电器。为了提高元件的灵敏度，也可采用反映负序电流或零序电流分量的复合滤过器来作为启动元件。

2. 测量元件

通常采用带方向性的阻抗继电器作测量元件来测量保护安装处至故障点之间的距离，并判断短路故障的方向。如果阻抗继电器是不带方向性的，则需增加功率方向元件来判别故障的方向。

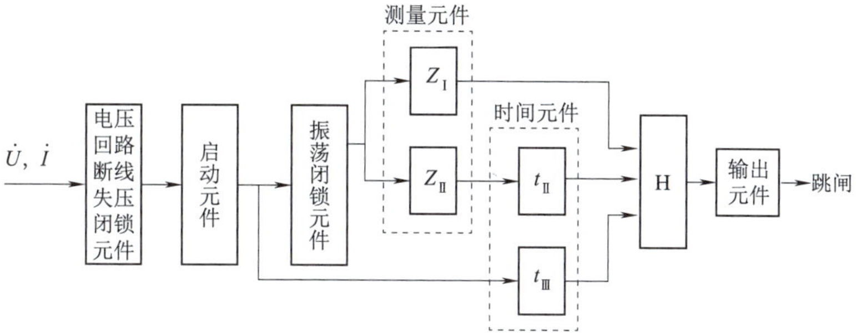

图 3-1-3　距离保护的组成结构

3. 时间元件

时间元件用来延时保护装置距离保护Ⅱ段、Ⅲ段的动作，以获得其所需要的动作时限特性。通常采用时间继电器或延时电路作为时间元件。

4. 振荡闭锁元件

振荡闭锁元件用来防止当电力系统发生振荡时距离保护的误动作。当电力系统失去同步而发生振荡时，电流、电压将在很大范围内做周期性变化，因而阻抗继电器的测量阻抗也将随之变化。当电流增大、电压降低、阻抗继电器的测量阻抗随之减小时，可能引起距离保护误动作。

在正常运行状或系统发生振荡时，振荡闭锁元件将保护闭锁，而当系统发生短路时，解除闭锁开放保护，使保护装置根据故障点的远、近有选择性地动作。

5. 电压回路断线失压闭锁元件

电压回路断线失压闭锁元件用来防止当电压互感器二次回路断线失压时阻抗继电器的误动作。电压互感器二次回路断线造成缺相或失压时，送入阻抗继电器的电压参数不正确，会造成测量不准或误测，从而导致阻抗继电器的误动作。

四、距离保护的优点

与电流保护、电压保护相比较，距离保护具有以下优点。

1. 灵敏度较高

阻抗继电器反映了正常情况与短路故障时电流、电压值的变化，短路故障时电流 $\dot{I}_k$增大，电压 $\dot{U}_k$降低，阻抗Z_k的变化更加显著。所以，它比反映单一物理量的电流、电压保护的灵敏度高。

2. 保护范围与选择性不受系统运行方式的影响

当系统运行方式改变时，短路故障电流和母线剩余电压都发生变化。例如，在最小运行方式下，短路故障电流减小，电流速断保护要缩短保护范围，过电流保护要降低灵敏度。而距离保护由于短路点至保护安装处的阻抗取决于短路点至保护安装处的线路距离，不受系统运行方式的影响，因此距离保护的保护范围与选择性不受系统运行方式的影响。

3. 迅速动作的范围较长

距离保护常采用阶梯形时限特性，这种时限特性比单一的电流保护的时限特性优越得多。与三段式电流保护相比，由于距离保护的保护范围基本上不受系统运行方式的影响，所以距离保护第Ⅰ段的保护范围比瞬时电流速断保护范围长，距离保护第Ⅱ段的保护范围比限时电流速断保护范围长，因而距离保护迅速动作的范围较长。

鉴于上述优点，在电流、电压保护不能满足技术要求的情况下应当采用距离保护。

任务实施

某输电线路中配置有距离保护，距离保护的整定值$Z_{set}=8\ \Omega$，当系统某一点发生故障时，母线电压$U_k=110\ kV$，短路电流$I_k=1\ kA$，电流互感器变比为500/5，电压互感器变比为110/0.1，请求出此时保护安装处至故障点的测量阻抗，并判断此时故障点是否发生在此距离保护范围内，保护装置是否需要动作。

任务实施步骤
1. 接受任务，学习任务资讯，搜索并查阅与之相关的拓展文献资料。 2. 根据老师分配的小组，和组员一同完成任务：进行距离保护的测量阻抗的计算并记录数据。 3. 小组内讨论故障发生的范围，并判断保护是否动作。 4. 每组汇报计算与判断的过程和结果，各小组之间交叉进行检查并讨论，提出意见。 5. 填写“项目评价表”：老师检查小组与个人完成的任务，提出意见并根据“项目评价”中的“评分标准”给出成绩
实施记录：
小组意见与老师意见记录：

任务二　阻抗继电器的动作特性

任务描述

本任务主要分析各类型阻抗继电器的动作特性，并对阻抗保护继电器的动作特性进行判断及试验。

任务资讯

阻抗继电器是距离保护装置的核心元件，其主要作用是测量断路器到保护安装地点之间的阻抗，并与整定阻抗进行比较，以确定保护是否应该动作。

阻抗继电器在实际应用中一般可以按以下三个方面进行分类：

(1)按继电器测量的相数不同可分为单相式阻抗继电器和多相式阻抗继电器。

单相式阻抗继电器指加入继电器的只有一个电压 $\dot{U}_K$(相电压或线电压)和一个电流(相电流或两相电流之差)的阻抗继电器。测量阻抗可以表达为$Z_K=R+jX$ 的复数形式，这个复数形式可以在阻抗平面上用平面相量图表示出来。单相式阻抗继电器用于反映多相别的故障时，需要多个继电器。

多相补偿式阻抗继电器加入的是几个相的补偿后的电压。它能够反映多相故障，但不能利用测量阻抗的概念来分析它的特性。

(2)按继电器动作特性的形状不同可分为圆形、椭圆形、橄榄形、L 形、苹果形、四边形等特性的阻抗继电器。

圆形特性阻抗继电器又分为全阻抗继电器、方向阻抗继电器和偏移阻抗继电器。

(3)按继电器工作原理的不同可分为整流型阻抗继电器、晶体管型阻抗继电器、数字型阻抗继电器等。

下面介绍常用的圆特性全阻抗继电器、圆特性方向阻抗继电器、偏移阻抗继电器的动作特性。

一、圆特性全阻抗继电器

圆特性全阻抗继电器的特性如图 3-2-1 所示，它是以整定阻抗Z_{set}为半径的一个圆，圆心在坐标原点。圆内为动作区，圆周为动作边界，圆外为非动作区。不论加入继电器的电压和电流之间的角度为多大，只要测量阻抗在圆内，阻抗继电器都能动作，具有这种动作特性的继电器被称为圆特性全阻抗继电器。其电压形成回路如图 3-2-2 所示。

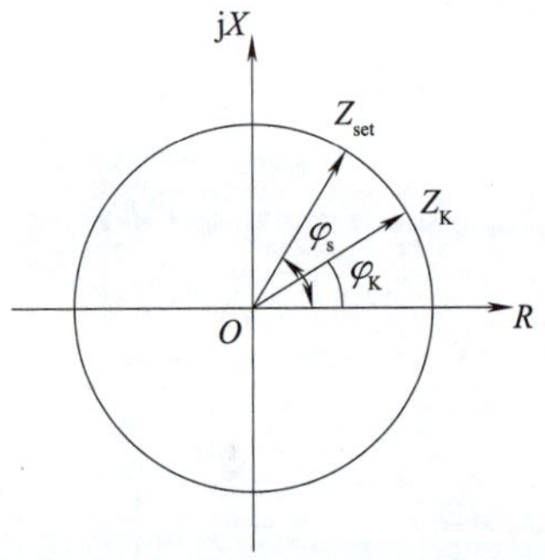

图 3-2-1　圆特性全阻抗继电器动作特性

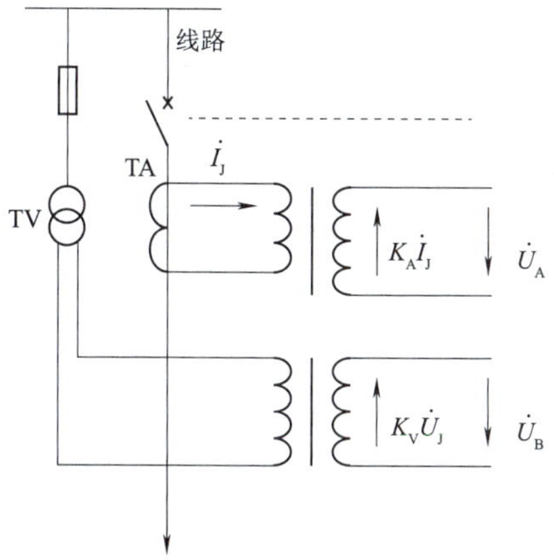

图 3-2-2　圆特性全阻抗继电器的电压形成回路

利用幅值进行比较的圆特性全阻抗继电器的动作特性方程为

$$|Z_{set}| \geqslant |Z_K|$$

从圆特性全阻抗继电器的动作特性可以看出，其动作没有方向性。因此，限制了圆特性全阻抗继电器的实际应用。

二、圆特性方向阻抗继电器

圆特性方向阻抗继电器的特性是以整定阻抗Z_{set}为直径而通过坐标原点的一个圆，如图 3-2-3 所示为圆特性方向阻抗继电器动作特性。

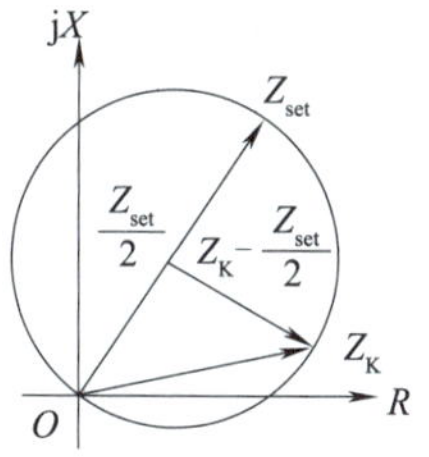

图 3-2-3　圆特性方向阻抗继电器动作特性

由图 3-2-3 可见，圆特性方向阻抗继电器的动作特性是一个圆周经过原点、以$\frac{1}{2}Z_{set}$为半径的圆。圆内为继电器的动作区域，圆外为非动作区域，圆的周边为临界状态。当阻抗继电器的测量阻抗Z_K落在圆内动作区域的任何一个位置时，继电器均能够动作；当Z_K落在圆外非动作区域的任何一个位置时，继电器均不能够动作；当Z_K落在圆的周边上时，继电器处于动作与非动作的临界状态。

从以上动作特性可以看出，圆特性方向阻抗继电器在正方向（即Z_{set}方向）发生故障时可以动作，而在反方向发生故障时不会动作，这种继电器具有距离保护装置中距离元件和方向元件的功能。继电器在正方向的Z_{set}上具有最大的保护范围，且动作最灵敏，该方向上的动作阻抗角度为动作最大灵敏角，用φ_{sen}表示。

其幅值比较式动作特性方程为

$$\left|\frac{Z_{\text{set}}}{2}\right| \geqslant \left|Z_{\text{K}}-\frac{Z_{\text{set}}}{2}\right|$$

在电源附近发生短路故障时，由于测量电压几乎为零，测量阻抗Z_{K}在方向阻抗继电器的动作边界上，继电器动作不可靠，所以圆特性方向阻抗继电器存在动作死区。

三、圆特性偏移阻抗继电器

为了克服圆特性方向阻抗继电器有动作死区的缺点，可以将方向阻抗继电器的动作特性曲线向第三象限偏移，如图 3-2-4 所示，使坐标原点落入动作圆内，就可以很好地解决方向阻抗继电器动作死区的问题。即在电源附近发生短路故障时，继电器也能可靠动作，这样就构成了圆特性偏移阻抗继电器。

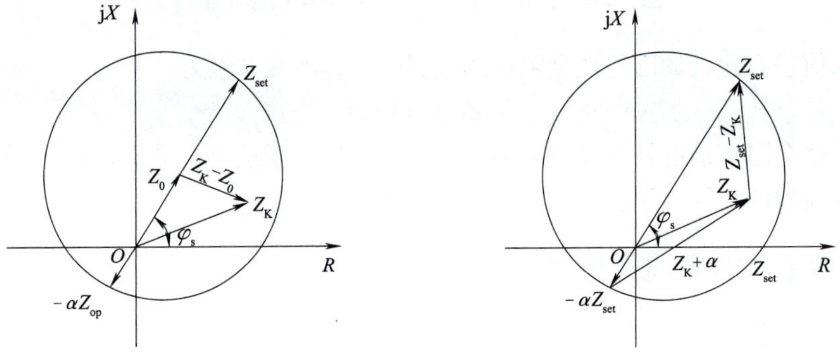

(a)幅值比较式　　(b)相位比较式

图 3-2-4　圆特性偏移阻抗继电器的动作特性

圆特性偏移阻抗继电器的动作特性曲线不经过原点，继电器没有动作死区，对应不同方向其动作阻抗不同，特别是在反方向有一定的动作区，可见偏移阻抗继电器没有完全的方向性。

在复平面内，圆特性偏移阻抗继电器保护正方向整定阻抗为Z_{set}时，反方向偏移 αZ_{set}，动作特性是以保护安装处为坐标原点，以$(1+\alpha)Z_{\text{set}}$为直径且通过坐标原点的圆，圆内为动作区，圆外为非动作区。

其幅值比较条件和相位比较条件分别为

$$|Z_{\text{K}}-Z_0| \leqslant \left|\frac{1}{2}(1+\alpha)Z_{\text{K}}\right|$$

$$-90° \leqslant \arctan\frac{Z_{\text{K}}+\alpha Z_{\text{set}}}{Z_{\text{set}}-Z_{\text{K}}} \leqslant 90°$$

四、阻抗继电器中三种阻抗的意义

在阻抗继电器中，主要相关的三个阻抗概念是测量阻抗、整定阻抗和动作阻抗。

1. 测量阻抗Z_{K}

测量阻抗Z_{K}是由加入阻抗继电器的电压 $\dot{U}_{\text{K}}$与电流 $\dot{I}_{\text{K}}$的比值确定的，Z_{K}的阻抗角φ_{K}就

是 $\dot{U}_K$ 与 $\dot{I}_K$ 之间的相位差角。因此，Z_K 完全由线路参数、负荷参数、故障情况及距离保护的接线方式等因素确定，与阻抗继电器本身的结构参数无关。

2. 整定阻抗 Z_{set}

整定阻抗 Z_{set} 是由阻抗继电器电抗变压器 TX 的变换系数 $\dot{K}_X$ 和电压变换器 UV 的变换系数 K_V 的比值确定，Z_{set} 的阻抗角就是 $\dot{K}_X$ 的相位角。因此，Z_{set} 取决于阻抗继电器本身结构的参数，与线路情况、负荷情况、距离保护的接线方式等因素无关。对于方向阻抗继电器而言，Z_{set} 就是动作特性圆的直径。

3. 动作阻抗 Z_{act}

继电器的动作阻抗 Z_{act} 是指能够使阻抗继电器刚好动作时的测量阻抗值。对于方向阻抗继电器而言，Z_{act} 随相位角 φ_K 的不同而不等；当 $\varphi_K = \varphi_s$ 时，Z_{act} 的数值最大，且等于 Z_{act}。Z_{act} 与加入阻抗继电器的电压 $\dot{U}_K$、电流 $\dot{I}_K$ 和夹角 φ_K 等因素有关，即与线路情况有关。

任务实施

某 110 kV 输电线路中设置有距离保护，采用圆特性方向阻抗继电器，阻抗继电器的整定值 $Z_{set} = 8\ \Omega$，当线路中某点发生短路故障时，经测量后，保护安装处到故障点的测量阻抗 $Z_K = 6 + 10j$，判断此故障点是否发生在此距离保护装置的保护范围内，距离保护是否应该动作，并绘制出阻抗继电器的动作圆特性图。

任务实施步骤
1. 接受任务,学习任务资讯,搜索并查阅与之相关的拓展文献资料。 2. 根据老师分配的小组,和组员一同完成任务:进利用动作特性方程,分析计算阻抗继电器的动作特性。 3. 小组内分析讨论阻抗继电器的动作方式,并绘制动作圆特性图。 4. 各小组之间交叉进行检查并讨论,提出意见。 5. 填写“项目评价表”:老师检查小组与个人完成的任务,提出意见并根据“项目评价”中的“评分标准”给出成绩
实施记录:
小组意见与老师意见记录:

任务三　距离保护的接线与整定计算

任务描述

本任务主要分析距离保护的接线方式及其特点，并对输电线路三段式距离保护进行整定计算。

任务资讯

一、距离保护的接线方式

距离保护的接线方式是指距离保护装置中的阻抗继电器经电流互感器 TA、电压互感器 TV 接入电力系统的不同方式。

1. 距离保护的接线要求

距离保护的接线方式应满足以下两个方面的要求：

(1)应保证阻抗继电器的测量阻抗 Z_m 与短路点到保护安装处的距离 L 成正比，即 $Z_m \propto L$。

(2)应保证阻抗继电器的测量阻抗 Z_m 与短路故障种类无关，即保护范围不随短路类型而变化。

2. 距离保护的接线方式

据分析和运行经验，对于相间短路，距离保护采用线电压与两相电流差的接线方式能满足上述要求。各阻抗继电器的电压变压器 UV 一次侧线圈端子分别接到相应电压互感器二次回路固定的两相，以反映线电压；电抗变压器 TX 的一次侧有两个线圈，每一个线圈分别接到相应电流互感器二次回路固定的一相，以反映两相电流差。各相阻抗继电器所加的电压与电流见表 3-3-1。

表 3-3-1　距离保护中阻抗继电器的电压与电流

阻抗继电器代号	1KZ(AB 相)	2KZ(BC 相)	3KZ(CA 相)
UV 一次侧加入的电压 U_k	U_{ab}	U_{bc}	U_{ca}
TX 一次侧加入的电流 I_k	$I_a - I_b$	$I_b - I_c$	$I_c - I_a$

这种接线方式又称为 0°接线方式，即假定输电线路在功率因数为 1 的情况下运行，则到阻抗继电器的电压与电流同相位。

当 A—B 两相短路时，阻抗继电器 1KZ 的测量阻抗与短路点至保护装置安装处的距离成正比，能正确动作。但加入阻抗继电器 2KZ、3KZ 的电压由于有一相是非故障相，数值较大；而加入的电流只有一个故障相电流，数值较小，因此继电器 2KZ、3KZ 的测量阻抗很大而不能动作。同理，B—C 两相短路时，只有继电器 2KZ 动作，继电器 1KZ、3KZ 不能动作。C—A 两相短路时，只有继电器 3KZ 动作，继电器 1KZ、2KZ 不能动作。由此可见，当两相短路时，只有接入两故障相相间电压与两故障相电流差的阻抗继电器才能正确地反映短路点至保护装置安装处的距离而动作，其余两个阻抗继电器由于测量阻抗数值很大而不能动作。因此，为了使各种两相短路都得到可靠的保护，用于三相电力系统的距离保护装置需要装三个阻抗继电器。

二、距离保护的整定计算

目前线路的距离保护多采用三段式阶梯形时限特性的距离保护。三段式距离保护(包括接地距离保护)的整定计算原则与三段式电流保护的整定计算原则基本相似。距离保护的整定计算系统如图 3-3-1 所示，对保护装置 1 进行三段式整定计算。

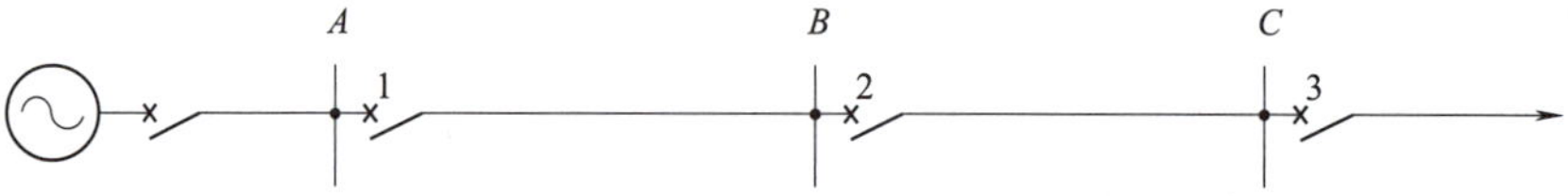

图 3-3-1　距离保护的整定计算系统示意

1. 距离保护 Ⅰ 段的整定

(1) 整定原则

距离保护Ⅰ段整定原则为按躲开下一线路出口处短路的原则来整定，也就是躲过本段线路末端故障。

$$Z_{act\cdot 1}^{\mathrm{I}}=K_{rel}^{\mathrm{I}}Z_{AB}=K_{rel}^{\mathrm{I}}z\cdot L_{AB}$$

式中　K_{rel}^{I}——距离保护Ⅰ段的可靠系数，取 0.8 ~ 0.85；

Z_{AB}——本线路 AB 的阻抗；

$Z_{act\cdot 1}^{\mathrm{I}}$——距离保护Ⅰ段的动作阻抗；

z——线路单位长度阻抗，一般为 0.4 Ω/km；

L_{AB}——线路 AB 的长度，km。

(2) 灵敏度校验

A 处Ⅰ段距离保护的正常保护范围为 AB 线路的 80% ~ 85%，不能保护 AB 线路的全长，因此距离保护Ⅰ段灵敏度一般不做校验。

(3) 动作时限

A 处Ⅰ段距离保护的动作时间设为瞬时动作，不设延时，其实际动作时间为阻抗继电器、出口继电器等固有动作时间，一般不超过 0.1 s。可见，距离保护Ⅰ段在保护的速动性上是有优势的。

2. 距离保护 Ⅱ 段的整定

(1) 整定原则

A 处Ⅱ段距离保护的作用是 AB 线路的主保护和相邻线路 B 处的距离保护装置Ⅰ段的后备保护。在不考虑 B 处有分支的情况下，A 处Ⅱ段距离保护动作阻抗的计算原则为按躲开相邻线路 B 处的距离保护装置Ⅰ段保护范围末端短路来整定计算，即

$$Z_{act\cdot 1}^{\mathrm{II}}=K_{rel}^{\mathrm{II}}(Z_{AB}+K_{rel}^{\mathrm{I}}Z_{BC})=K_{rel}^{\mathrm{II}}(z\,L_{AB}+K_{rel}^{\mathrm{I}}z\,L_{BC})$$

式中　$Z_{act\cdot 1}^{\mathrm{II}}$——距离保护Ⅱ段的动作阻抗，Ω；

K_{rel}^{II}——距离保护Ⅱ段的可靠系数，取 0.7 ~ 0.75；

L_{BC}——线路 BC 的长度，km。

(2)灵敏度校验

保护1的距离Ⅱ段灵敏度按本线路末端(AB)故障来校验。

$$K_s=\frac{Z_{act\cdot1}^{\text{Ⅱ}}}{Z_{AB}}\geqslant1.5$$

式中　K_s——灵敏系数；

Z_{AB}——本线路 AB 的阻抗；

$Z_{act\cdot1}^{\text{Ⅱ}}$——距离保护Ⅱ段的动作阻抗。

若灵敏度不满足要求，应与相邻线路距离保护Ⅱ段配合。

(3)动作时限

距离保护装置1的Ⅱ段动作时间按三段式阶梯形时限特性确定，应比相邻线路距离保护装置2的Ⅰ段保护的动作时限高出一个 Δt 的时间级差，即

$$t_1^{\text{Ⅱ}}=t_2^{\text{Ⅰ}}+\Delta t$$

一般情况下，$t_1^{\text{Ⅰ}}$ 为0，Δt 取0.5~0.7 s。

3. 距离保护Ⅲ段的整定

(1)整定原则

距离保护Ⅲ段的作用是作为 AB 线路的近后备保护，并可作为 BC 线路的远后备保护。距离保护装置1的Ⅲ段的动作阻抗的计算原则为按躲开被保护线路在正常运行条件下的最小负荷阻抗来整定计算，即

$$Z_{act\cdot1}^{\text{Ⅲ}}=\frac{Z_{L\cdot min}}{K_{rel}^{\text{Ⅲ}}K_{ss}K_{re}}$$

式中　$Z_{act\cdot1}^{\text{Ⅲ}}$——距离保护Ⅲ段的动作阻抗，Ω；

$Z_{L\cdot min}$——线路 AB 中的最小负荷阻抗(Ω)，按线路中最大负荷电流 $I_{L\cdot max}$(A)和保护安装处母线最低工作电压 $U_{L\cdot min}$(V)计算，即 $Z_{L\cdot min}=\frac{U_{L\cdot min}}{\sqrt{3}I_{L\cdot max}}$(Ω)；

K_{ss}——负载电动机自启动时电流增长与电压降低影响的自启动系数，在无高电压大功率电动机的情况下可取1，在有大功率电动机的情况下可取1.5~2.0；

$K_{rel}^{\text{Ⅲ}}$——距离保护Ⅲ段的可靠系数，一般取1.2；

K_{re}——距离保护中阻抗元件的返回系数，一般取1.2。

(2)灵敏度校验

距离保护装置1的Ⅲ段作为本线路(AB)的近后备保护时，按本线路末端短路时的短路阻抗校验，灵敏系数要求不小于1.3~1.5，即

$$K_s=\frac{Z_{act\cdot1}^{\text{Ⅲ}}}{Z_{AB}}=\frac{Z_{act\cdot1}^{\text{Ⅲ}}}{z\cdot L_{AB}}\geqslant1.3$$

距离保护装置1的Ⅲ段作为相邻线路(BC)的远后备保护时，按相邻线路末端短路时的短路阻抗校验，灵敏系数要求不小于1.2，即

$$K_s=\frac{Z_{act\cdot1}^{\text{Ⅲ}}}{Z_{AC}}=\frac{Z_{act\cdot1}^{\text{Ⅲ}}}{z\cdot(L_{AB}+L_{BC})}\geqslant1.2$$

(3)动作时限

动作时间按阶梯时限原则整定,距离保护Ⅲ段的动作时限应比保护范围内的其余保护装置的动作时限中的最大者大一个时限级差 Δt。

三、对距离保护的评价与应用

下面根据继电保护的四个基本要求,来对距离保护进行评价。

1. 选择性

在多电源网络甚至复杂电网中,距离保护能较好地保证动作的选择性要求。

2. 速动性

距离保护的第Ⅰ段是瞬时动作,但只能保护线路全长的 80% ~85% 。在双电源网络中,若线路两侧的Ⅰ段保护有重叠保护区,则线路两侧均能无延时动作切除重叠区内的故障。而对单电源辐射网中线路Ⅰ段保护区后的故障和双电源线路两侧Ⅰ段保护非重叠区的故障,不能无延时动作切除,至少有 30% 的范围保护要通过距离Ⅱ段时限切除故障。故在 220 kV 及以上电压等级的网络,要求全长无时限切除线路任一点的短路,这时距离保护不能满足电力系统稳定要求而不能作为主保护。

3. 灵敏性

由于距离保护同时反映电压和电流,比单一反映电流的保护灵敏度高,且基本上不受系统运行方式的影响。其中,距离保护第Ⅰ段的保护范围不受运行方式变化的影响,保护范围比较稳定,第Ⅱ、Ⅲ段的保护范围由于分支系数可能变化而受运行方式变化影响。

4. 可靠性

阻抗继电器本身较复杂,并会受到各种影响,于是增设了振荡闭锁装置、电压断线闭锁装置。因此,距离保护装置的调试比较麻烦,可靠性也相对低些。

距离保护应用较多的是保护电网的相间短路,对于大电流接地系统中的接地故障也有应用。通常,在 35 ~110 kV 电网中,作为相间短路的主保护和后备保护;在 110 kV 线路中,也可作为接地故障的保护;在高压线路中,常作为后备保护,但对于不要求全线速动的高压线路,距离保护也可作为线路的主保护。

任务实施

如图 3-3-2 所示为 110 kV 线路典型的三段式距离保护框图,根据三段式距离保护的原理,通过分析,准确叙述三段式距离保护的工作过程。

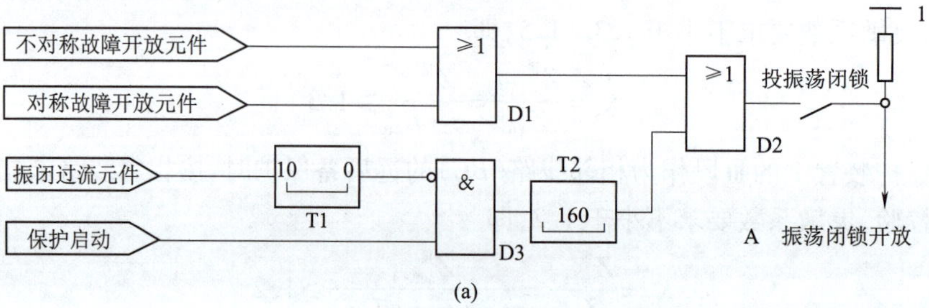

(a)

图 3-3-2

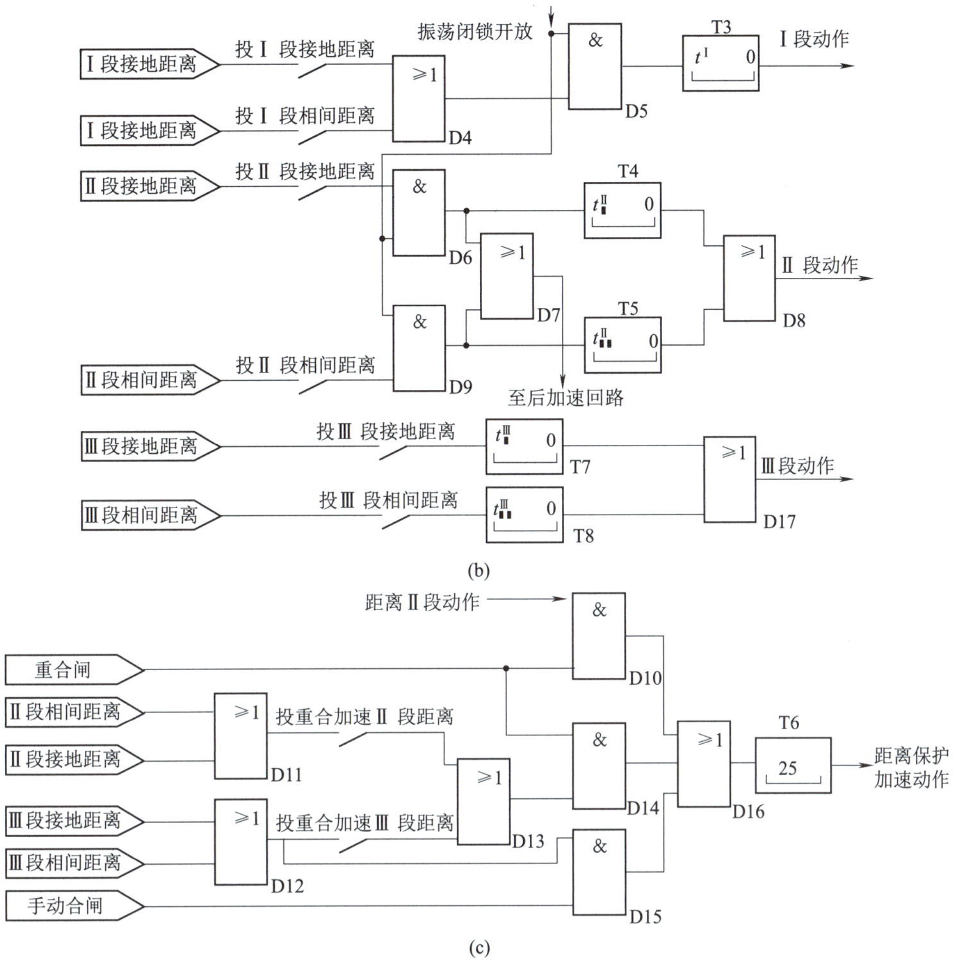

图 3-3-2　110 kV 线路典型的三段式距离保护框图

任务实施步骤
1. 接受任务,学习任务资讯,搜索并查阅与之相关的拓展文献资料。 2. 根据老师分配的小组,和组员一同完成任务:讨论三段式距离保护的工作过程并记录。 3. 小组内分析讨论装设振荡闭锁装置的必要性并简单分析其在工作过程中的作用。 4. 各小组之间交叉进行检查并讨论,提出意见。 5. 填写“项目评价表”:老师检查小组与个人完成的任务,提出意见并根据“项目评价”中的“评分标准”给出成绩
实施记录:
小组意见与老师意见记录:

任务四　影响距离保护正确工作的因素及防止措施

任务描述

本任务主要分析影响距离保护动作的各个因素，并归纳总结采取的防止距离保护误动作的有效措施。

任务资讯

距离保护在供电网络非短路的某些情况下，也有可能误动作。为了确保继电保护的正确工作，防止非短路的不正常状态引起保护误动作，也防止短路时需要动作而拒动，就必须采取必要的措施予以纠正。

一、短路点过渡电阻的影响

短路点的过渡电阻是指当相间短路或接地短路时，短路电流从一相流到另一相或从相导体流入大地的路径中所通过的物质的电阻，包括电弧电阻、中间物质的电阻、相导体与地之间的接触电阻、金属杆塔或高压电气设备外壳的接地电阻等。很明显，过渡电阻的存在，将使阻抗继电器测量阻抗发生变化，影响距离保护的正确判断。

相间短路时，过渡电阻主要由电弧电阻构成。电弧实际上呈现有效电阻，其值大小与电弧长度l_{ac}成正比，与电弧电流有效值I_{ac}成反比，可按以下经验公式估计：

$$R_{ac} \approx 1\ 050 \frac{l_{ac}}{I_{ac}} \quad (\Omega)$$

对于接地短路故障来讲，过渡电阻主要表现为接地电阻，由金属杆塔或高压电气设备外壳的接地电阻构成，它的数值与接地体的材料、表面积、布置方式和大地电导率等因素有关。对于跨越山区的高压线路，金属杆塔的接地电阻可高达数十欧姆至数百欧姆。

过渡电阻的存在使短路电流减小、阻抗增大、阻抗角变小，对于阻抗继电器有时会影响到保护的正确动作。

电弧的长度和电流是随时间而变化的，一般来说，短路瞬间电流最大，电弧长度小，电弧阻值小。其后由于空气流动和电动力的作用，电弧将随时间被拉长，电弧电阻增大。

为了防止过渡电阻对保护装置的影响，通常采用以下两种方法：

(1)采用能容许较大的过渡电阻而不致拒动的阻抗继电器。例如偏移特性阻抗继电器、四边形特性阻抗继电器等。它们的动作特性沿$+R$轴方向的面积大一些，即使在出现较大的过渡电阻时，也不至于发生拒动现象。

(2)采用瞬时测量装置。电弧电阻在短路瞬间的值最小，在短路0.1～0.15 s之后将急剧增大，这一特点对保护第Ⅰ阶段影响小。由于保护第Ⅱ阶段的动作带有时限，影响大，采用“瞬时测量”是克服过渡电阻的有效措施。

二、电压互感器回路断线的影响

在运行中的距离保护，由于电压互感器二次回路发生短路故障，二次侧熔断器一相或几相熔断，或二次侧自动开关跳闸等原因，会造成电压回路的断线失压现象。

为了保证阻抗元件测量阻抗的正确性，电压互感器二次电压应按阻抗元件规定的接线方式的要求接入阻抗元件。然而，电压互感器在运行中缺相或失压时，加到阻抗元件的电压在相位和大小上均会发生变化，使阻抗元件实际接入的电压不再满足接线方式的要求，因而阻抗元件的测量阻抗也不能正确反映保护到故障点间的距离，可能导致阻抗元件不正确动作。

对于电压互感器二次回路断线（以下简称 TV 断线）的判断，可利用失压动元件或利用软件程序的设计来实现。

1. 失压启动元件

失压启动元件常见的有电容式零序电压过滤器断线失压判断装置和利用磁势平衡原理构成的断线失压启动元件等。

电容式断线失压判断装置的基本原理如图 3-4-1 所示，有两个线圈 W1、W2，为断线闭锁继电器 DBJ 的两个线圈。正常时，W1、W2 均无零序电压，断线闭锁继电器不动作；当被保护线路发生三相不对称故障时，电压互感器二次侧三相电压也不对称，W1、W2 中都有零序电流流过，适当选择 W1、W2 参数与接线方式，使二次线圈的综合磁通为零，断线闭锁继电器不动作；当电压互感器二次回路发生故障时，出现零序电压，保护装置闭锁。当三相同时断线时，装置拒动作，此时需增加一电容来解决。但这并不能解决由于电压回路维护不良或误操作等原因造成的保护失压误动作的问题。所以，采用负序电流闭锁的办法。

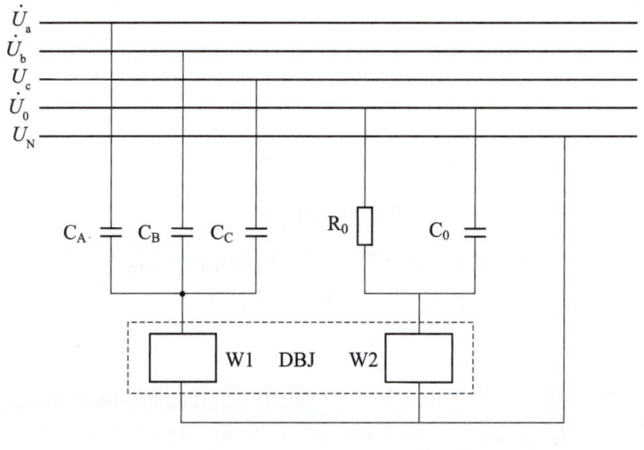

图 3-4-1　电容式断线失压判断装置的基本原理

2. 软件程序判别

利用软件程序对电压互感器二次回路断线进行判断有着较好的效果。对不对称断线和三相完全断线进行判断的判据如下：

（1）不对称断线的判据为

$$U_a + U_b + U_c - 3U_0 > 7\ \text{V}$$

（2）三相完全断线的判据为：各相电压均小于 8 V，U 相电流大于 0.04 I_n。当保护判断出 TV 二次回路断线时，保护装置会根据事先安排的程序进行操作，提醒失压，需及时处理。即使失压未及时处理，在负荷电流较小时，保护装置也不会发生误动作。

三、电力系统振荡的影响

电力系统未受扰动而处于正常运行状态时,系统中所有发电机处于同步运行状态。当电力系统受到大的扰动或小的干扰而失去运行稳定时,机组间的相对角度随时间不断增大,线路中的潮流也产生较大的波动。在继电保护范围内,把这种并列运行的电力系统或发电厂失去同步的现象称为振荡。运行经验表明,当系统的电源间失去同步后,往往经过一定时间后能自动拉入同步,恢复同步运行。如果不允许长期异步运行,可有控制地将系统解列。也就是说,当系统振荡时不允许保护装置动作。

当电力系统失去同步而发生振荡时,电流、电压将在很大范围内做周期性变化,因而阻抗继电器的测量阻抗也随之变化。当电流增大、电压降低、阻抗继电器的测量阻抗随之减小时,可能引起距离保护误动作。

防止电力系统振荡影响的措施是装设振荡闭锁装置。在电力系统发生振荡时,振荡闭锁装置动作,将距离保护装置闭锁。

系统振荡时,电流、电压都是随着时间的变化而变化的。电流从一个最大值到下一个最大值所经历的时间称为振荡周期。当相位在180°时,电流最大,而振荡中心的电压为零,这时的情况正像在振荡中心处发生了三相短路一样。

系统振荡属于不正常运行状态而非故障,继电保护装置不应该动作切除振荡中心所在的线路。继电保护装置必须具备区别三相短路和系统振荡的能力,才能保证在系统振荡状态下的正确工作。

1. 电力系统振荡和短路的区别

电力系统的振荡和短路虽有一些相似点,但亦有不同。比较如下:

(1)振荡时,电流和各点电压的有效值均做周期性变化,在180°时出现最严重的情况,这时阻抗计算值相当小;短路时,若不计其衰减,电流和各点电压效值是不变的。

(2)振荡时,电流和各点电压的有效值变化慢;短路时是电流突然增大,电压突然降低,变化快。

(3)振荡时,任一点的电流和电压之间的相位关系都是变化的;短路时,电流和电压之间的相位是不变的。

(4)振荡时,三相完全对称,电力系统中没有负序分量;短路时,总要长期(在不对称短路中)或瞬间(在三相短路的开始)出现负序分量。

根据对振荡与短路之间的区别进行分析,振荡闭锁回路从原理上可分为两种:一种是利用负序分量的出现与否来实现的;另一种是利用测量阻抗变化率的不同来实现的。

2. 振荡闭锁装置与距离保护配合的要求

振荡闭锁装置与距离保护配合,要实现四点基本要求:

(1)系统发生振荡而没有短路时,保护不动作。

(2)系统发生短路时,保护能可靠地动作。

(3)在振荡的过程中发生短路时,保护能正确地动作。

(4)先短路而后又发生振荡时,保护不致无选择地误动作。

四、阻抗继电器的死区的影响

当保护安装地点正方向出口处发生短路，也就是该段线路的首端发生短路时，短路点离保护安装点很近，阻抗继电器检测到的故障回路的残余电压将降低到零。此时，具有方向性的继电器会因为加入的电压为零而不能动作，从而出现保护装置的"死区"。

常采用"记忆回路"的方法消除或降低"死区"的影响。在微机保护中，采用"记忆电压"的方式。

如图 3-4-2 所示，记忆回路由 L 和 C 构成，它是一个 50 Hz 的串联谐振回路。当保护装置安装处发生金属性短路时，继电器的电压端子上的电压突然降到零。但由于谐振回路中的电压不是突然消失的，而是按谐振周期逐渐衰减，这个电压与短路前的电压同相位，因而可以起到原电压的作用，使死区消除。由于谐振回路的记忆时间短，所以只能用来消除瞬时动作的距离保护 I 段中的死区。

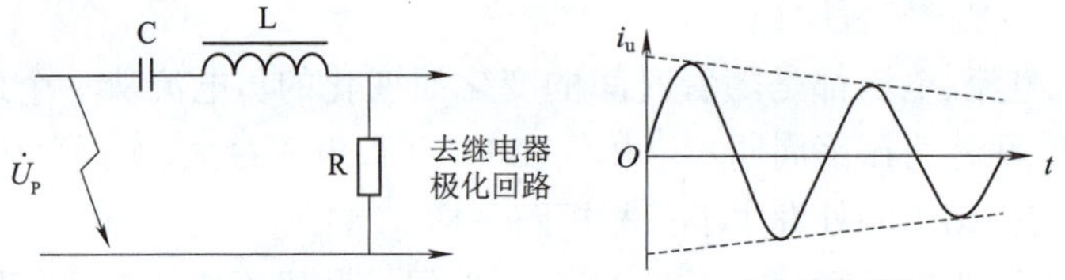

（a）记忆回路接线　　（b）变化曲线

图 3-4-2　记忆回路与电流变化曲线

在微机保护中，由于微机保护可以存储故障前的数据，"记忆电压"的获取非常方便。在出现保护测量阻抗较小时，不能确定故障实际方向，一般采用故障前一周波电压相角判别是否满足方向性条件。在牵引供电系统的开闭所、分区所使用带方向性的阻抗保护时，必须投入"记忆电压元件"，以便在供电牵引网上下行并联运行发生故障时，确保跳闸的选择性。

五、线路串联电容补偿的影响

为了提高输电线路的传输能力和系统的稳定性，在高压或超高压电力系统中，通常采用串联电容补偿措施。在我国电气化铁路中，牵引供电系统线路一般为单侧电源供电，对于一些重载、长距离牵引线路，为了提高网压，在线路始端或中部增加串联补偿电容。

串联电容补偿有重大的经济技术价值，但它对于距离保护装置的工作将产生影响，还将对基于电抗法测距原理的测距产生影响，影响的大小与串联补偿电容的大小及其安装位置有关。

（1）牵引供电系统中串联补偿装置的安装位置有两种常见情况：

①安装于线路始端。

②安装于线路中部。

串联补偿电容的安装，不管其串联补偿电容大小和位置如何，都会使测量阻抗减小，从而导致线路内部故障时保护范围缩短，使线路内部短路时保护可能拒动，而线路外部短路时保护可能误动。同时，会影响到近端补偿电容一侧距离保护的方向阻抗继电器，在反方向发生短路时，保护失去方向性。

(2)防止经串联补偿电容后短路时方向阻抗继电器误动作的措施有:

①利用方向阻抗继电器极化回路的记忆作用进行闭锁;

②利用负序功率方向继电器来进行闭锁;

③利用相限继电器来进行闭锁。

任务实施

牵引负荷是单相负荷,虽然各牵引变电所电源进线实行换相连接,以减少三相系统的负荷不平衡,但有些情况下因三相负荷不平衡较严重,仍会有较大的负序电流分量,可能引起负序电流继电器误动作。为此,需研究新的振荡闭锁启动元件。其中,一种方案是负序电流增量继电器,其原理如图 3-4-3 所示。根据原理图分析负序电流增量继电器的工作原理,以及如何保证在系统发生振荡时,继电保护不会误动。

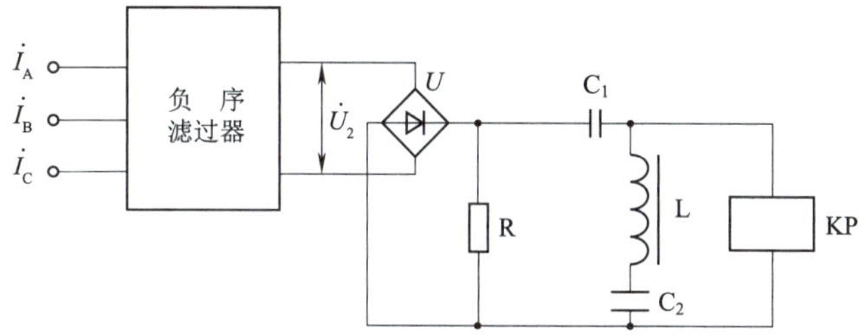

图 3-4-3　负序电流增量继电器原理

任务实施步骤
1. 接受任务，学习任务资讯，搜索并查阅与之相关的拓展文献资料。 2. 根据老师分配的小组，和组员一同完成任务：根据原理图 3-4-3 讨论负序电流增量继电器的工作过程。 3. 小组内分析讨论正常运行时、发生短路时与发生振荡时，继电保护的判断依据，以及动作方式。 4. 各小组之间交叉进行检查并讨论，提出意见。 5. 填写“项目评价表”：老师检查小组与个人完成的任务，提出意见并根据“项目评价”中的“评分标准”给出成绩
实施记录：
小组意见与老师意见记录：

项目评价

任务	任务内容	配分	评分标准	得分
任务一	距离保护的基本原理	20	1. 距离保护的测量阻抗计算错误,扣 10 分; 2. 判断故障发生的范围错误,扣 10 分	
任务二	阻抗继电器的动作特性	25	1. 阻抗继电器动作特性判断错误,扣 10 分; 2. 阻抗继电器的动作圆特性图绘制错误,扣 15 分	
任务三	距离保护的接线和整定计算	30	1. 描述三段式距离保护的工作过程错误,扣 15 分; 2. 说明框图流程错误,扣 15 分	
任务四	影响距离保护正确工作的因素及防止措施	25	1. 描述负序电流增量继电器工作过程错误,扣 15 分; 2. 不同状态的继电保护动作方式判断错误,扣 10 分	
学号		总分		

思考与练习

1. 叙述距离保护的含义及距离保护的特点。
2. 叙述距离保护的组成部分及各部分的作用。
3. 分析圆特性方向阻抗继电器的动作特性。
4. 叙述测量阻抗、整定阻抗、动作阻抗的意义。
5. 叙述振荡闭锁装置的基本要求。
6. 分析电力系统振荡对距离保护的影响。

项目四 自动装置

素养园地

"智慧眼"守护铁路安全

在如今的铁路工作场景，时不时会看到一双双形态各异的"眼睛"，它们都是高科技。

在北京局集团公司衡水供电段固安东牵引变电所，每天早晨8时整，智能巡检机器人开始巡检。这个有着白、灰色外观的"小家伙"，非常"聪明"，它能够利用AI芯片进行深度学习，融合红外色温、图像识别等多项智能衍生技术，自动规划路径、自主进行巡检。

这个小家伙最吸引人的就是那双"大小眼"了。它的两只"眼睛"之所以大小不一样是因为有着不同的功能，大的那只"眼睛"是摄像头，可以拍摄高清照片、视频，通过无线通信系统实时传输至终端，运用神经网络算法自主完成表计示数读取和设备外观巡视。小的那只"眼睛"是红外热成像仪，它能对变电所进行无死角检测，精准捕捉过热部位，自动报警反馈异常信息。有了这个聪明的机器人，变电所管理人员可以通过辅助监控系统，实时查看，高效完成巡检任务。

通过无人机智能化巡检和传统人工精细化巡检相结合，可以有效地将两者优势发挥到最大。一双双"智慧眼"，不仅改变了铁路人的工作方式，也极大提高了工作效率。

智能化技术的应用，使得牵引供电系统的运行更加智能化、高效化和可持续化。智能化技术为牵引供电系统的升级和优化提供了新的思路和方法。通过将传感器网络、数据采集和人工智能等技术融入牵引供电系统，系统能够实现实时监测、数据分析、自动控制和智能决策，从而实现更高水平的运营管理。智能化的牵引供电系统通过提高运行效率、安全性和可靠性，为现代交通系统的发展提供了坚实的支持，并在未来的发展中将发挥越来越重要的作用。

感想领悟：

学习目标

1. 能力目标

(1)能够判别输电线路上发生故障的属性。

(2)能够叙述自动重合闸的作用及影响。

(3)能够说明双侧电源的三相一次重合闸的工作过程。

(4)能够说明单相重合闸和综合重合闸的工作过程。

(5)能够说明备用电源自动投入装置投切的工作过程。

2. 知识目标

(1)掌握自动重合闸的定义及作用。

(2)掌握单侧电源的三相一次重合闸的工作过程。

(3)理解自动重合闸装置与继电保护装置如何配合来提高系统供电的可靠性。

(4)掌握备用电源自动投入装置的概念。

(5)掌握备用电源自动投入装置的基本要求。

3. 素质目标

(1)具有科技报国、运维保电的使命担当。

(2)具有执着专注、甘于奉献的劳模精神。

(3)具有按章操作、遵规守纪的规范意识。

(4)具有积极向上、勇于创新的进取精神。

在牵引供电系统中,为提高系统的供电质量,根据牵引供电的供电方式、电气接线等实际运行情况,广泛采用了自动重合闸、备用电源自投等自动装置。

自动重合闸装置与备用电源自动投入装置是保证电力系统可靠供电的重要自动装置。自动重合闸装置是根据输电线路故障大多为瞬时性故障而设置的。一旦线路因瞬时性故障被保护断开后,由自动重合闸装置进行一次重合,往往就能够恢复原工作电源向负荷供电。同时,备用电源自动投入装置是在工作电源永久性故障跳闸(或瞬时性故障跳闸无重合)后投入另一路备用电源。两者的正确配合使用,可大大提高电力系统供电的可靠性。

任务一 自动重合闸装置

任务描述

根据供电系统输电线路的故障类型,本任务主要介绍了自动重合闸装置的类型、要求,以及工作原理,并对线路上的故障进行断路器重合闸的动作过程分析。

任务资讯

一、短路故障的属性

短路故障按照属性可以分为瞬时性故障和永久性故障。

1. 瞬时性故障

电力系统的实际运行经验表明，在输电网中发生的故障大多是暂时性的，如雷击过电压引起的绝缘子表面闪络、树枝落在导线上引起的短路、大风时的短时碰线、通过鸟类的身体放电等。发生此类故障时，继电保护若能迅速使断路器跳开电源，故障点的电弧即可熄灭，绝缘强度重新恢复，原来引起故障的树枝等也被电弧烧掉而消失。这时若重新合上断路器，往往能恢复供电，因此常称这类故障为瞬时性故障。

2. 永久性故障

在输电线路上也可能发生由于倒杆、断线、绝缘子击穿等引起的永久性故障，这类故障被继电保护切除后，如重新合上断路器，由于故障依然存在，线路还要被继电保护装置切除，因而就不能恢复正常的供电。

二、自动重合闸的作用及要求

自动重合闸装置（ARD）是当断路器跳开后，根据需要能够自动地将断路器重新合闸的装置。

当输电线路发生故障时，自动重合闸装置本身并不能判断故障是暂时性的还是永久性的，因此，在重合之后，可能成功（恢复供电），也可能不成功。重合成功的次数与总动作次数之比称为重合闸的成功率。根据运行资料统计，输电线路自动重合闸的成功率在 60% ~ 90% 。在微机保护中，重合闸装置应用自适应原理，可在重合之前先判断是瞬时性故障还是永久性故障，然后再决定是否重合，这样可大大提高重合闸的成功率。

1. 自动重合闸的作用

在输电线路上采用自动重合闸后的作用如下：

（1）对瞬时性故障，可迅速恢复供电，从而能提高供电的可靠性。

（2）对两侧电源线路，可提高系统并列运行的稳定性，从而提高线路的输送容量。

（3）可以纠正由于断路器或继电保护误动作引起的误跳闸。

1 kV 及以上电压的架空线路或电缆与架空线路的混合线路上，只要装有断路器，一般应装设自动重合闸装置。

但是，自动重合闸如果重合于永久性故障时，其不利影响如下：

①使电力系统又一次受到故障的冲击。

②使断路器的工作条件恶化（因为在短时间内连续两次切断短路电流）。例如，油断路器的工作条件恶化比较严重。第一次短路时，电弧温度高，断路器动作，会提高油温，油的绝缘强度已经降低。重合于永久性故障的话，断路器再次跳开，此时断路器的开断容量已经降到原来容量的 80% 左右，断路器的工作条件非常恶劣，将缩短断路器的使用寿命。

对于重合闸的经济效益，应该用无重合闸时因停电而造成的国民经济损失来衡量。由于重合闸装置本身的投资很低，工作可靠，因此在电力系统中获得了广泛的应用。

2. 自动重合闸的基本要求

（1）自动重合闸可以按照控制开关位置与断路器位置不对应原则启动，即当控制开关在合闸位置而断路器实际上在断开位置的情况下，使重合闸启动，这样就可以保证任何原因使断路器跳闸以后，都可以进行一次重合。当手动操作控制开关使断路器跳闸以后，控制开关与断路器的位置仍然是对应的。因此，重合闸就不会启动。当断路器处于不正常状态时，应将重合闸闭锁，不应实现重合。

（2）值班员手动跳闸、遥控装置跳闸、手动合闸而合在故障线路上，以及其他规定不允许重合的保护跳闸时，重合闸不动作。

（3）断路器由继电保护动作跳闸或其他原因自动跳闸后，自动重合闸应动作，并使断路器重合。

（4）自动重合闸的动作次数应符合规定要求，一般采用一次重合闸。重合在永久性故障线路上时，应能与继电保护配合实现前加速和后加速，以加速切除故障点。

（5）自动重合闸动作后，应能自动复归，以准备好下一次故障跳闸时的再重合。

（6）双侧电源线路上需要重合闸时，可在线路两侧分别投入无压检定和同期检定重合闸。如电网条件许可，也可以实现非同期重合闸。

三、自动重合闸的类型与应用原则

1. 自动重合闸的类型

（1）按配电线路所连接的电源情况，分为单电源线路的自动重合闸和双电源线路的自动重合闸。

（2）按其功能的不同，分为三相自动重合闸、单相自动重合闸和综合自动重合闸。其中三相自动重合闸又分为单侧电源线路的三相自动重合闸和双侧电源线路的三相自动重合闸。

①三相自动重合闸：线路上发生任何形式的故障时，均实现三相自动重合闸，当重合到永久性故障时，断开三相并不再进行重合。

②单相自动重合闸：线路上发生单相故障时，实现单相自动重合闸，当重合到永久性单相故障时，断开三相并不再进行重合。线路上发生相间故障时，断开三相不进行自动重合。

③综合自动重合闸：线路上发生单相故障时，实现单相自动重合闸，当重合到永久性单相故障时，如不允许长期非全相运行，则应断开三相并不再进行自动重合。线路上发生相间故障时，实行三相自动重合闸，当重合到永久性相间故障时，断开三相并不再进行自动重合。

（3）按允许动作的次数多少，可分为一次动作的自动重合闸、两次动作的自动重合闸等。

（4）对于双侧电源线路的三相自动重合闸，根据系统的情况，按不同的重合闸方式，分为三相快速重合闸、非同步自动重合闸、检查线路无压和检查同步的三相自动重合闸、解列三相自动重合闸和自同步三相自动重合闸。

（5）按与继电保护的配合情况，分为重合闸前加速继电保护动作的自动重合闸和重合闸动作后加速继电保护动作的自动重合闸。

（6）按重合闸装置的构成原理，分为电磁型、晶体管型、微机型等。

2. 自动重合闸的应用原则

对一个具体的线路，究竟使用何种重合闸方式，要结合系统的稳定性分析，选取对系统稳定最有利的重合方式。一般遵循下列原则：

(1)凡是选用简单的三相重合闸方式能满足实际需要的线路，都应当选用三相重合闸方式。特别是对于那些处于集中供电地区的密集环网中，线路跳闸后不进行重合闸也能稳定运行的线路，更宜采用整定时间适当的三相重合闸。对于这样的环网线路，快速切除故障是最重要的问题。

(2)当发生单相接地故障时，如果使用三相重合闸不能保证系统稳定，或者地区系统会出现大面积停电，或者影响重要负荷停电的线路上，应当选用单相或综合重合闸方式。

四、单侧电源线路的三相一次重合闸

在供电系统中，三相一次自动重合闸的应用十分广泛。当输电线路上不论发生单相接地短路还是相间短路时，继电保护装置均将线路三相断路器断开，然后自动重合闸装置启动，经预定延时（一般为0.5～1.5 s）发出重合脉冲，将三相断路器同时合上。若故障为暂时性的，则重合成功，线路继续运行；若故障为永久性的，则继电保护再次将三相断路器断开，不再重合。

通常三相一次自动重合闸装置由启动元件、延时元件、一次合闸脉冲元件和执行元件四部分组成，自动重合闸动作原理如图4-1-1所示。

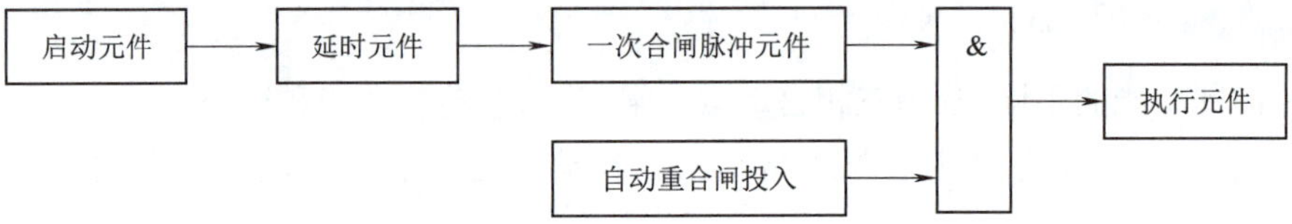

图4-1-1 自动重合闸动作原理

自动重合闸的动作过程如下：

(1)启动元件：当线路故障断路器跳闸后，自动重合闸启动。

(2)延时元件：延时自动重合闸的动作时间。

(3)一次合闸脉冲元件：保证重合闸装置只重合一次。

(4)执行元件：发出重合闸动作信号，启动断路器合闸回路和自动重合闸动作信号回路。

五、双侧电源线路的三相一次重合闸

1. 双侧电源送电线路重合闸的特点

在双侧电源的送电线路上实现重合闸时，除了应该满足前面提出的各项要求以外，还必须考虑如下特点。

(1)时间的配合：当线路上发生故障时，两侧的保护装置可能以不同的时限动作于跳闸，例如在一侧为第Ⅰ段动作，另一侧为第Ⅱ段动作。此时为了保证故障点电弧的熄灭和绝缘强度的恢复，使重合闸有可能成功，线路两侧的重合闸必须保证在两侧的断路器都跳闸以后，再进行重合。

(2)同期问题：当线路上发生故障跳闸以后，常常存在着重合闸时两侧电源是否同期，以及是否允许非同期合闸的问题。

因此，双侧电源线路上的重合闸，应根据电网的接线方式和运行情况，选择合适的重合闸方式。

2. 双侧电源送电线路重合闸的主要方式

（1）非同期重合闸方式

当线路两侧断路器跳闸后，不管两侧电源是否同步，直接重合，合闸后期待系统自动拉入同步。此时系统中各电力元件都将受到冲击电流的影响，当冲击电流不超过电力系统规程规定的允许值时，可以采用非同期重合闸方式，否则不允许采用这种方式。

（2）同期检定重合闸

即在自动重合闸之前进行同步检查，只有当断路器两侧的电压符合同步条件时，才能进行重合。这种重合闸方式不会产生很大的冲击电流，合闸后也能很快地拉入同步。

铁路供电系统牵引变电所 110 kV 进线线路上，均采用同期检定重合闸方式。采用同期检定和无电压检定的重合闸方式的原理接线如图 4-1-2 所示，除了在线路两侧均装设重合闸装置之外，在线路的一侧还加装了无电压检定元件，其作用是检查线路有无电压存在，而在线路的另一侧装设同期检定元件，用以检测两侧电压的相位差。

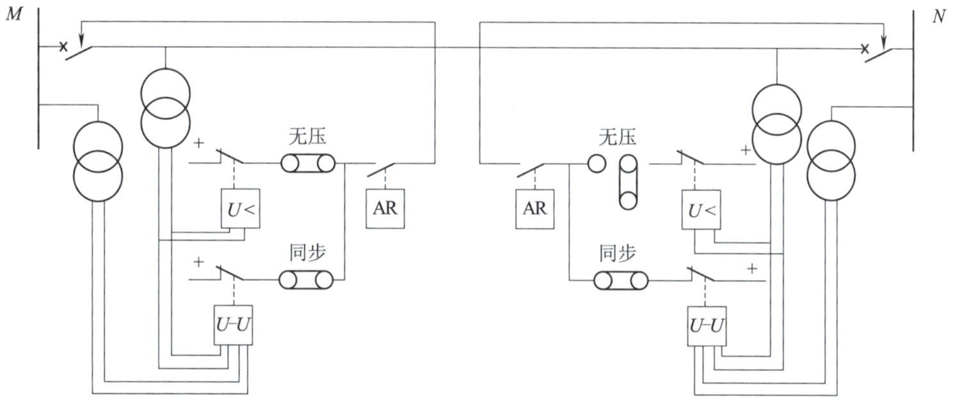

图 4-1-2　采用同期检定和无电压检定的重合闸示意

当线路发生故障，两侧断路器跳闸以后，检定线路无电压一侧的重合闸首先动作，使断路器投入。如果重合不成功，则该侧断路器再次跳闸。此时，由于线路另一侧没有电压，同期检定元件不动作，因此，该侧重合闸根本不启动。如果重合成功，则另一侧在检定同期之后，再投入断路器，线路即恢复正常工作。由此可见，在检定线路无电压一侧的断路器，如果重合不成功，就要连续两次切断短路电流。因此，该断路器的工作条件就要比同期检定一侧断路器的工作条件恶劣。为了解决这个问题，通常在每一侧都装设同期检定元件和无电压检定元件，利用连接片进行切换，使两侧断路器轮换使用每种检定方式的重合闸，从而使两侧断路器工作的条件接近相同。

在使用检查线路无电压方式的一侧，当其断路器在正常运行情况下由于某种原因（如误碰跳闸机构、保护误动作等）而跳闸时，由于对侧并未动作，因此线路上有电压，导致不能实现重合，这是一个很大的缺陷。为了解决这个问题，通常都是在检定无电压的一侧同时投入同期检定元件，两者的触点并联工作。此时如遇上述情况，同期检定元件就能够起作用，当符合同期条件时，即可将误跳闸的断路器重新投入。但是，在使用同期检定的另一侧，其无电压检定元件是绝对不允许同时投入的。

六、重合闸与继电保护的配合

自动重合闸与继电保护的配合一般有前加速保护和后加速保护两种方式。

1. 重合闸前加速保护

重合闸前加速保护即在重合闸动作之前加速保护的动作，简称“前加速”。如图 4-1-3 所示为重合闸前加速保护的网络接线和动作时间特性，假定在每条线路上均装设过电流保护，其动作时限按阶梯形原则来配合。因此，在靠近电源端保护 1 处的时限就很长。为了加速故障的切除，可在保护 1 处采用前加速的方式，即当任何一条线路上发生故障时，第一次都由保护 1 瞬时动作予以切除。如果故障是在线路 $E \sim F$ 以外（如k_1点），则保护 1 的动作是无选择性的。但是断路器 1 跳闸后，立即启动重合闸，如果故障是瞬时性的，则重合之后就恢复了供电，从而纠正了上述无选择性的动作。如果故障是永久性的，则故障由相应线路的保护（k_1点短路时的保护 3）再次切除。为了使无选择性的动作范围不至于扩展得太大，一般规定当变压器低压侧短路时，保护 1 不应动作。因此，保护 1 的启动电流还应按照躲开相邻变压器低压侧的短路（k_2点）来整定。

前加速方式能快速切除瞬时性故障，而且只需要在电源侧的断路器上装设一套自动重合闸装置，简单经济。但是该断路器动作次数较多，工作条件比其他断路器恶劣，最大的缺点是若该断路器或自动重合闸装置拒动，则扩大了停电范围。前加速方式主要用于 35 kV 以下由发电厂或重要变电所引出的直配线路上，以便快速切除故障，保证母线电压。

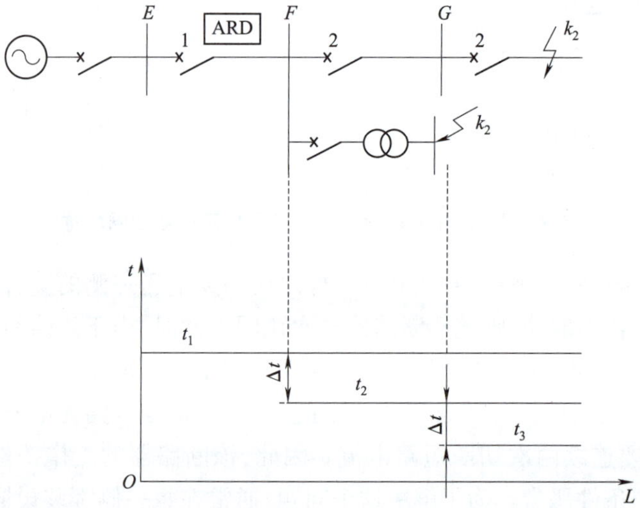

图 4-1-3　重合闸前加速保护的网络接线和动作时间特性

2. 重合闸后加速保护

重合闸后加速保护方式在重合闸动作之后加速保护动作，简称“后加速”。即当线路发生故障时保护有选择性地动作切除故障，然后自动重合。若重合于永久性故障上，则在断路器合闸后，再加速保护动作，瞬时切除故障，与第一次动作是否带有时限无关。

采用重合闸后加速时,必须在线路的每个断路器上均装设一套自动重合闸装置。由于保护第一次跳是有选择性地切除故障,所以即使重合闸拒绝动作,也不会扩大停电范围。

后加速方式广泛应用于35 kV以上的电网和对重要负荷供电的送电线路上。因为在这些线路上一般都装有性能比较完善的保护装置,例如三段式电流保护、距离保护等。因此,第一次有选择性地切除故障的时间(瞬时动作或具有0.3~0.5 s的延时)均为系统运行所允许,而在重合闸以后加速保护的动作(一般是加速第Ⅱ段的动作,有时也可以加速第Ⅲ段的动作),就可以更快地切除永久性故障。

七、单相自动重合闸

当送电线路上发生单相接地短路或相间短路,继电保护动作后由断路器将三相断开,然后重合闸再将三相投入,这就是三相自动重合闸。但是,在220~500 kV的架空线路上,由于线间的距离大,运行经验表明,其中绝大部分故障都是单相接地短路。在这种情况下,如果只将发生故障的一相断开,然后再进行单相重合,而未发生故障的两相仍然继续运行,就能够大大提高供电的可靠性和系统并列运行的稳定性,这种方式的重合闸就是单相重合闸。采用单相重合闸方式时,若线路上发生单相接地短路,如果是瞬时性故障,则单相重合成功,恢复三相的正常运行;如果是永久性故障,单相重合不成功。若系统不允许长期非全相运行,就应该切除三相并不再进行重合;若线路上发生相间短路,则跳开三相而不重合。

八、综合自动重合闸

以上讨论了三相自动重合闸和单相自动重合闸的基本原理,以及现实中需要考虑的一些问题。在具有单相自动重合闸功能的同时,如果发生各种相间故障时仍然需要切除三相,再进行三相重合,如果重合不成功则再次断开三相而不再进行重合。此种功能称为综合自动重合闸。为了使自动重合闸装置具有多种性能,并且使用灵活方便,系统中通过切换方式能实现综合自动重合闸、单相自动重合闸、三相自动重合闸和停用四种运行方式。停用方式是当线路发生任何类型的故障时,由保护直接跳开三相断路器,不启动重合闸。

综合自动重合闸的基本原则为:

(1)单相接地短路时跳开单相,然后进行单相重合,如果重合不成功则跳开三相而不再进行重合。

(2)各种相间短路时跳开三相,然后进行三相重合。如重合不成功,仍跳开三相,而不再进行重合。

(3)当选相元件拒绝动作时,应能跳开三相并进行三相重合。

(4)对于非全相运行中可能误动作的保护,应进行可靠的闭锁。对于在单相接地时可能误动作的相间保护,应有防止单相接地误跳三相的措施。

(5)当一相跳开后重合闸拒绝动作时,为了防止线路长期出现非全相运行,应将其他两相自动断开。

(6)任意两相的分相跳闸继电器动作后,应联跳第三相,使三相断路器均跳闸。

(7)无论单相或三相重合闸,在重合不成功之后,均应考虑能加速切除三相,即实现重合闸后加速。

(8)在非全相运行过程中,如又发生另一相或两相的故障,保护应能有选择性地予以切除。

(9)对空气断路器或液压传动的断路器,当气压或者液压低至不允许实行重合闸时,应将重合闸回路自动闭锁。但如果在重合闸过程中下降到低于允许值时,则应保证重合闸动作的完成。

任务实施

重合闸后加速方式的第一次跳闸是有选择性的,不会扩大停电范围,保证永久性故障能瞬时切除,并仍然具有选择性,和前加速保护相比,使用中不受网络结构和负荷条件的限制。利用后加速元件所提供的常开接点实现重合闸后加速过电流保护的原理接线如图 4-1-4所示,分析图 4-1-4 中元件的名称和作用,记录重合闸后加速电流保护的工作过程。

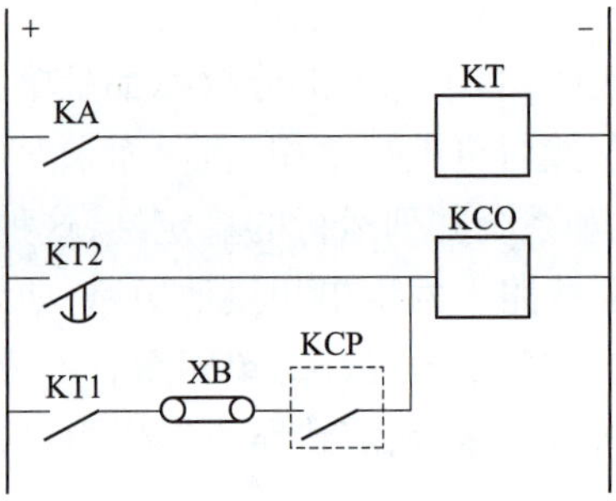

图 4-1-4　重合闸后加速过电流保护的原理接线

任务实施步骤
1. 接受任务,学习任务资讯,搜索并查阅与之相关的拓展文献资料。 2. 根据老师分配的小组,和组员一同完成任务:分析原理接线图 4-1-4 中每个元件的名称和作用。 3. 小组内进行讨论,并分析重合闸后加速过电流保护的工作过程并记录。 4. 各小组之间交叉进行检查并讨论,提出意见。 5. 填写"项目评价表":老师检查小组与个人完成的任务,提出意见并根据"项目评价"中的"评分标准"给出成绩
实施记录:
小组意见与老师意见记录:

任务二　备用电源自动投入装置

任务描述

本任务主要介绍备用电源自动投入装置的分类与基本要求，分析备用电源自投装置进行备用线路自投和备用变压器自投工作过程，以及备自投装置投切的工作过程。

任务资讯

在变电站综合自动化系统中，备用电源自动投入装置(APD)是常用的自动装置。当供电系统故障或其他原因使工作电源被断开后，能迅速将备用电源或备用设备或其他正常工作的电源自动投入工作，使工作电源被断开的用户能够迅速恢复供电，简称备自投装置。备用电源自动投入是保证系统连续可靠供电的重要措施，是变电站综合自动化系统的基本功能之一。

一、备用电源自动投入装置的分类

铁路是国民经济的大动脉，铁路牵引供电负荷属于一级电力负荷。因此，备自投装置在铁路供电系统中得到广泛应用，可以提高供电的可靠性，保证重要用户的不间断供电。在牵引变电所，电源自投装置包括：线路自投(电源进线自投)、主变压器自投、所用变压器自投、直流电源自投等。

二、备自投装置的基本要求

1. 备自投装置应遵循的基本原则

(1)工作电源断开后，备用电源才能投入。

(2)备用电源无压时，备自投装置不应动作。

(3)在手动跳开工作电源时，备自投装置不应动作。

(4)备自投装置投入备用电源断路器必须经过延时，延时时限应大于最长的外部故障切除时间。

(5)备自投装置应具备闭锁备自投装置的逻辑功能，以防止备用电源投到故障的元件上，造成事故扩大的严重后果。

(6)备自投装置在电压互感器二次回路断线时不应误动作。

(7)备自投装置只能动作一次，以防止系统受到多次冲击而扩大事故。

2. 备用线路自投的要求

(1)备用线路的投入时间应尽量短，但当线路故障失压后，线路的自动重合闸将启动，并有可能重合成功，因此备用线路的自投启动时间应大于自动重合闸的全部重合时间。

(2)当线路故障失压后，只有在另一回线路电压正常的情况下，才允许自投，否则将失去自投的意义。

(3)备自投通常采用失压检出方式，即当线路失压时，备自投装置启动。但为了防止抽压装置二次回路断线造成的误动作，通常需要利用测量110 kV母线有无电压的方式进行闭锁。即有当线路和母线同时失压后，备自投装置才允许启动。

(4)检修备用线路一侧的电压互感器、避雷器时，线路备自投应撤退。但检修该侧的主变压器时，备自投装置应能继续工作。

(5)在满足自动投入基本要求的情况下，备自投线路应力求简单，元件的选择也应力求性能稳定可靠，以提高装置工作的可靠性。

3. 备用变压器自投的要求

(1)主变压器备自投采用保护装置启动方式，即只有在变压器本身故障，或变压器两侧断路器处于非常运行状态，而无法保证变压器安全运行的情况下，保护装置在使断路器分闸的同时，启动变压器自投装置。这种启动方式既能区别故障的性质，保证在变压器外部故障时自投装置不会误动作，又能提高自投装置动作的快速性。

(2)只有在备用变压器正常且变压器二次侧的断路器处于分闸状态时，才允许自投装置将备用变压器投入运行。

(3)备用变压器投入时，110 kV线路隔离开关不进行切换。即变电所的供电方式改变，由直列供电改为交叉供电，或由交叉供电改为直列供电，因此，母线联络隔离开关要配合动作。

(4)备用变压器的自动投入时间应尽量短，即在发出故障跳闸命令的同时，不经延时即发出备用变压器自投的命令。

(5)当检修主变压器时，应利用相应的转换开关将主变压器的备自投撤除。

三、备自投装置投切的工作过程

备自投装置投入后，在设定的时间内满足所有正常运行条件时，备自投完成充电过程，可以进行启动和动作过程判断。当满足任一退出条件时，备自投立即放电，自投功能退出。在正常运行条件和退出条件下，备自投应可靠不动作。

牵引变电所一般采用如图4-2-1所示电气主接线，常见的运行方式有直列运行方式(1号电源1号变压器运行或2号电源2号变压器运行)和交叉运行方式(1号电源2号变压器运行或2号电源1号变压器运行)两大类。在备自投装置中，可将其归纳为4种工作方式，见表4-2-1。

表4-2-1　APD装置中的4种工作方式

类型	内容	条件
工作方式一	本侧主变压器运行，对侧进线与对侧主变压器备用	QS1(QS2)、QF1(QF2)、QF3(QF4)、QF5(QF6)闭合，QS5断开
工作方式二	本侧进线受电，对侧主变压器运行，对侧进线与本侧主变压器备用	QS1(QS2)、QS5闭合，QF1(QF2)、QF3(QF4)、QF5(QF6)断开
工作方式三	对侧进线受电，本侧主变压器运行，本侧进线与对侧主变压器备用	QS5、QF1(QF2)、QF3(QF4)、QF5(QF6)闭合，QS1(QS2)断开
工作方式四	对侧进线受电，对侧主变压器运行，本侧进线与本侧主变压器备用	QS1，QS2闭合，QF1(QF2)、QF3(QF4)、QF5(QF6)、QS5断开

下面以图 4-2-1 为例,说明介绍安装在 1 号主变压器上的主变压器测控装置的备自投装置工作过程。这样,1 号电源和 1 号主变压器为本侧电源和本侧主变压器,而 2 号电源和 2 号主变压器为对侧电源和对侧主变压器。

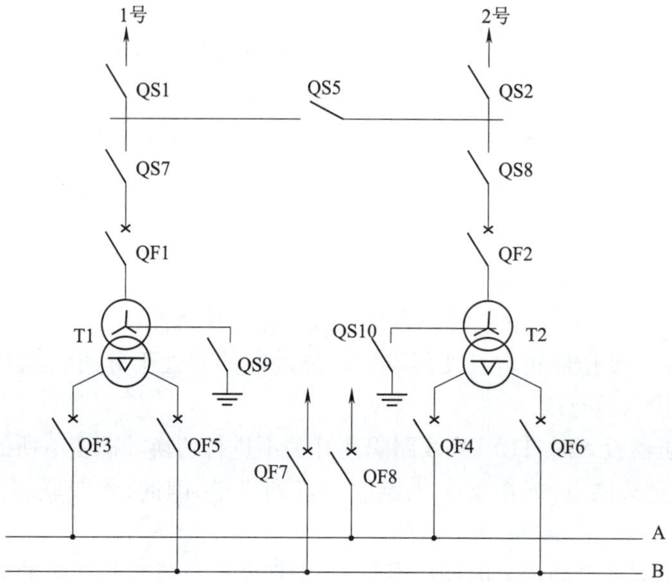

图 4-2-1　牵引变电所的电气主接线

1. 工作方式一

当前工作方式为 1 号电源 1 号主变压器运行,即 QS1、QF1、QF3、QF5 处于合闸位。

(1)本侧进线失压时。首先判断进线失压备自投是否投入,若未投入,结束;否则,判断 QF1、QF3、QF5 是否由各自的保护分闸,如果没有分闸则依次分闸 QF1、QF3、QF5,同时确认 QF7、QF8 已经保护分闸,然后使 QS1 分闸,并向对侧装置发送联络信号,再判断进线失压备自投是倒直列还是倒交叉。

①进线失压备自投倒直列:在设定的自投联络时间内,等待对侧装置的自投联络信号,若收到自投联络信号,输出自投成功的各种信息,结束;否则,自投失败。

②进线失压备自投倒交叉:在设定的自投联络时间内,等待对侧装置的自投联络信号,若没收到自投联络信号,输出自投失败信息,结束;否则,判断进线跨条是否允许控制,若允许,合 QS5,然后使 QS9、QF1、QF3、QF5 依次合闸,再使 QS9 分闸,输出自投各种信息,结束。

(2)本侧主变压器故障时。首先判断主变压器故障备自投装置是否投入,若未投入,结束;否则,判断 QF1、QF3、QF5 是否由各自的保护分闸,如果没分闸则依次分闸 QF1、QF3、QF5,同时确认 QF7、QF8 已经保护分闸,然后根据控制信号判断主变压器故障备自投是倒直列还是倒交叉。

①主变压器故障备自投倒直列:分 QS1,向对侧装置发出自投联络信息,然后在设定的自投联络时间内,等待对侧装置发出的自投联络信号,若没收到自投联络信号,输出自投失败信息,结束;否则,输出自投成功信息,结束。

②主变压器故障备自投倒交叉:判断进线跨条是否允许控制,若允许,合 QS5,向对侧装置发出自投联络信息,然后在设定的自投联络时间内,等待对侧装置发出的自投联络信号,

若没收到自投联络信号，输出自投失败信息，结束；否则，输出自投成功信息，结束。

2. 工作方式二

当前工作方式为1号电源2号主变压器运行，即QS1、QS5、QF2、QF4、QF6处于合闸位。

（1）本侧进线失压时。首先判断进线失压备自投是否投入，若未投入，结束；否则，接收到对侧的联络信号后，判断进线跨条是否允许控制，若允许，分QS5，然后使QS1分闸，向对侧装置发出送联络信号。延时后，继续判断对侧装置是否发过来联络信号，若没有，输出自投失败信息，结束；若有，输出自投的各种成功信息，结束。

（2）对侧主变压器故障时。首先判断主变压器故障备自投是否投入，若未投入，结束；否则，接收到对侧的联络信号后，确认本侧主变压器无故障；判断进线跨条是否允许控制，若允许，分QS5，然后依次使QS9、QF1、QF3、QF5合闸，再使QS9分闸，完成输出自投的各种信息，结束。

3. 工作方式三

当前工作方式为2号电源1号主变压器运行，即QS2、QS5、QF1、QF3、QF5处于合闸位。

（1）对侧进线失压时。首先判断进线失压备自投装置是否投入，若未投入，结束；否则，判断QF1、QF3、QF5是否由各自的保护分闸，如没分闸则依次分闸，同时确认QF7、QF8已经保护分闸：判断进线跨条是否允许控制，若允许，分QS5，然后向对侧装置发出联络信号，并等待对侧装置发过来的自投联络信号，接收到对侧装置的联络信号后，取消发给对侧装置的联络信号，接着合QS1，判断本侧是否有电压，若无电压，输出自投不成功信息，结束；若有电压，使QS9、QF1、QF3、QF5依次合闸，再分闸QS9，向对侧装置发出联络信号，输出自投成功信息，结束。

（2）本侧主变压器故障时。首先判断主变压器故障备自投是否投入，若未投入，结束；否则，判断QF1、QF3、QF5是否由各自的保护分闸，如没分闸则依次分闸，同时确认QF7、QF8已经保护分闸，然后判断进线跨条是否允许控制，若允许，分QS5，向对侧装置发出送联络信号，输出自投装置的各种信息，结束。

4. 工作方式四

当前工作方式为2号电源2号主变压器运行，即QS2、QF2、QF4，QF6处于合闸位。

（1）对侧进线失压时。首先判断进线失压备自投装置是否投入，若进线备自投装置未投入，结束；若投入，且接收到对侧装置的联络信号，则合QS1（如进线电动隔离开关处于热备用，则取消合闸操作），然后判断本侧是否有电压，若无电压，输出自投不成功信息，结束；若有电压，再根据控制信号判断进线失压备投是倒直列还是倒交叉。

①进线失压备自投倒直列：确认本侧主变压器无故障，使QS9、QF1，QF3，QF5依次合闸，再使QS9分闸，向对侧装置发送自投联络信号，输出自投装置的各种信息，结束。

②进线失压备自投倒交叉：判断进线跨条是否允许控制，若允许，使QS5合闸，然后向对侧装置发送自投联络信号，输出自投装置的各种信息，结束。

（2）对侧主变压器故障时。首先判断主变压器故障备自投装置是否投入，若未投入，结束；若已投入，且接收到对侧装置的联络信号，根据控制信号判断主变压器故障备投是倒直列还是倒交叉。

①主变压器故障备自投倒直列：合QS1（如进线电动隔离开关处于热备用，则取消合闸

操作),然后判断本侧是否有电压,若无电压,输出自投失败信息,结束;若有电压,确认本侧主变压器无故障,使 QS9、QF1、QF3、QF5 顺序合闸,再使 QS9 分闸,向对侧装置发送自投联络信号,输出自投装置的各种信息,结束。

②主变压器故障备自投倒交叉:首先判断本侧是否有电压,若无电压,输出自投失败信息,结束;若有电压,确认本侧主变压器无故障,判断进线跨条是否允许控制,若允许,合 QS5,然后使 QS9、QF1、QF3、QF5 顺序合闸,再使 QS9 分闸,向对侧装置发送自投联络信号,输出自投装置的各种信息并结束。

任务实施

如图 4-2-2 所示为分段备自投的接线示意。当电源正常运行时,分段断路器 QF3 处于分闸位置,进线断路器 QF1、QF2 均处于合闸位置,母线上均有电压,此时备自投装置的投入开关处于投入位置。

根据分段备自投的接线示意图,当Ⅱ段备用Ⅰ段时,如Ⅰ段母线无电压,QF1 进线 1 无电流,Ⅱ段母线有电压,则启动备自投;当Ⅰ段备用Ⅱ段时,如Ⅰ段母线无电压,QF2 进线 2 无电流,Ⅰ段母线有电压,则启动备自投装置。根据备自投装置启动条件,分析备自投装置的启动过程与退出条件。

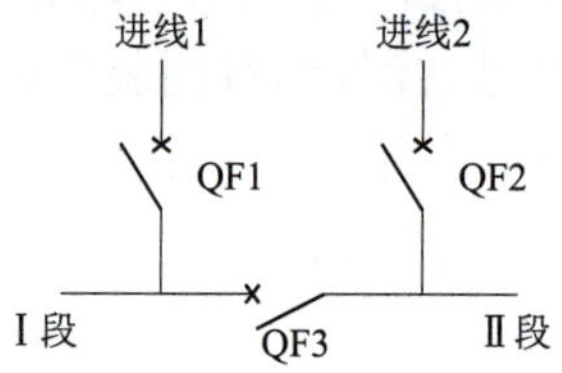

图 4-2-2　分段备自投的接线示意

任务实施步骤
1. 接受任务,学习任务资讯,搜索并查阅与之相关的拓展文献资料。 2. 根据老师分配的小组,和组员一同完成任务:分析当母线无压后,备自投启动后的工作过程,并分情况记录。 3. 小组内进行讨论,并分析分段备自投装置的退出条件并记录。 4. 各小组之间交叉进行检查并讨论,提出意见。 5. 填写"项目评价表":老师检查小组与个人完成的任务,提出意见并根据"项目评价"中的"评分标准"给出成绩
实施记录:
小组意见与老师意见记录:

项目评价

任务	任务内容	配分	评分标准	得分
任务一	自动重合闸装置	50	1. 重合闸后加速过电流保护接线图中元件名称错误,扣10分; 2. 重合闸后加速过电流保护接线图中元件用途错误,扣10分; 3. 重合闸后加速过电流保护工作过程错误,扣30分	
任务二	备用电源自动投入装置	50	1. 分段备自投装置的工作过程错误,扣25分; 2. 分段备自投装置的退出条件错误,扣25分	
学号			总分	

思考与练习

1. 叙述自动重合闸的定义与必要性。
2. 叙述自动重合闸装置的基本要求。
3. 准确说明自动重合闸的具体类型。
4. 准确说明三相自动重合闸、单相自动重合闸和综合自动重合闸的各自特点。
5. 叙述选用综合自动重合闸方式的一般原则。
6. 说明备自投装置的用途与定义。
7. 叙述备用变压器自投装置的工作过程。

项目五

牵引变压器的保护

素养园地

对照“宏伟蓝图”，向着交通强国目标进发

“神女若无恙，当惊世界殊。”我国“四纵四横”高速铁路网提前建成，“八纵八横”高速铁路网加密成型，万里山河路网交织，托起了充满活力的“流动中国”。到2024年底，中国铁路营业里程达到16.2万km，其中高速铁路4.8万km。

巨龙腾飞，神州大地气象日新。围绕“十四五”规划纲要确定的铁路重大工程项目，我国以联网、补网、强链为重点，突出补短板、强弱项、重配套，加快构建现代化铁路基础设施体系，推动粤港澳大湾区城际铁路、渝昆高速铁路等一批重点项目建设取得新进展。大江南北，铁路网正在快速延展，发展活力竞相奔涌。

立足中国，走出国门，通达世界。2023年10月17日，中印尼合作建设的雅万高速铁路正式开通运营，这标志着印尼迈入高速铁路时代，中印尼共建“一带一路”取得重大标志性成果。这是继中老铁路开通运营后我国铁路“出海”的又一标杆工程。在第三届“一带一路”国际合作高峰论坛上，中国与塞尔维亚建设、交通和基础设施部正式签署高速动车组车辆采购商务合同，代表了中国更智能、更绿色、更舒适的技术发展。

蓝图已绘就，扬帆正当时。让我们循着“宏伟蓝图”，步履不停、逐梦星辰，向着更高、更快、更强的目标进发，为推动铁路高质量发展、率先实现铁路现代化、勇当服务和支撑中国式现代化建设的“火车头”而不懈奋斗。

感想领悟：

学习目标

1. 能力目标

(1)能正确区分牵引变压器的运行状态。

(2)能正确进行牵引变压器的保护配置。

(3)能够准确说明瓦斯保护的动作方式。

(4)能正确说明纵联差动保护的工作原理。

(5)能够准确叙述牵引变压器的主保护和后备保护。

2. 知识目标

(1)掌握牵引变压器的保护配置原则。

(2)掌握牵引变压器的接线方式。

(3)掌握瓦斯保护的构成及工作原理。

(4)掌握纵联差动保护的构成及工作原理。

(5)掌握励磁涌流的概念和特点。

(6)掌握牵引变压器相间短路与接地短路的后备保护。

3. 素质目标

(1)具有热爱祖国、服务人民的家国情怀。

(2)具有科技报国、安全保电的使命担当。

(3)具有积极向上的合作精神与团队意识。

牵引变压器是铁路供电系统中重要的电气设备,它的故障将直接影响供电系统的安全运行。因此,牵引变压器通常采用多种保护方式,以构成最完善的保护。本项目讲述牵引变压器的主要类型、可能发生的故障及不正常运行状态,重点讲述变压器差动保护的基本工作原理、保护的特点,分析不平衡电流产生的原因及防止措施,讲述了变压器的其他保护装置。

任务一　牵引变压器的保护配置

任务描述

本任务主要分析牵引变压器的结构类型、接线方式、运行工作状态,并根据变压器的状态配置不同类型和作用的保护方案。

任务资讯

一、牵引变压器的类型与接线

牵引变压器是铁路供电系统中牵引变电所的主要设备。牵引变压器的额定电压,一次侧为110 kV(或220 kV);二次侧为27.5 kV,比接触网额定电压25 kV 高10%;AT供电方式的牵引变压器二次额定电压为55 kV 或 2×27.5 kV。牵引变压器的额定容量有 10 MV·A、12.5 MV·A、16 MV·A、20 MV·A、25 MV·A、31.5 MV·A、40 MV·A、50 MV·A、

63 MV·A等9个等级。

1. 牵引变压器的类型

牵引变电所中常用的牵引变压器的类型有单相变压器、三相变压器、三相—两相变压器(如斯科特接线、阻抗匹配平衡变压器等)。从变压器的结构上讲,牵引变压器主要为油浸式变压器。

2. 牵引变压器的接线

(1)单相牵引变压器

单相牵引变压器的接线形式有纯单相接线、单相V,v接线和三相V,v接线3种。

(2)三相牵引变压器

三相双绕组变压器的接线有多种形式,为统一起见,国家有关标准规定:Yd11、Yyn12、YNd11三种形式为标准接线。牵引变电所采用的是YNd11接线,一次电压为110 kV,二次电压为27.5 kV。三相牵引变压器采用YNd11接线的原理如图5-1-1所示。

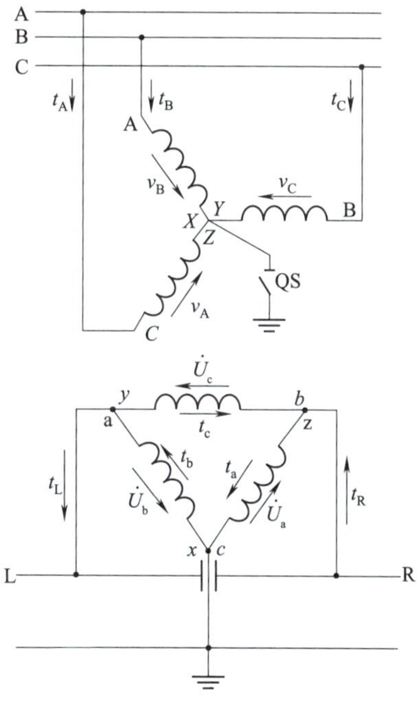

图5-1-1　YNd11接线的原理

采用YNd11接线的优点如下:

①牵引变压器的容量较大,一般只能由110 kV或220 kV电网供电,而该电压等级的电网为中性点直接接地系统。三相牵引变压器的一次绕组接成YN,便于与电力系统的运行方式配合。另外,中性点接地还具有降低绕组的绝缘造价等优点。

②由电机学原理可知,当三相变压器的二次绕组为三角形接线时,可以提供三次谐波电流的通路,从而保证变压器的主磁通和电势为正弦波。

一次绕组接成YN,引出线端子A、B、C接电力系统三相,中性点通过隔离开关QS接地;二次绕组接成三角形,c端子接钢轨和地网,a端子和b端子分别接到两臂的牵引母线上。由于两臂的电压相位不同,因此两臂的接触网必须用分相绝缘器分开。

三相牵引变压器由于具有中性点接地方式与电力系统相适应、结构相对简单、运用技术成熟、供电安全、可靠性高等特点而被广泛应用，其在我国电气化铁路牵引供电系统中占有的比重达到80%以上。

（3）三相—两相牵引变压器

三相—两相牵引变压器又称平衡牵引变压器，它能将一次侧电力系统的对称三相系统变换成二次侧相互垂直的两相系统；反之，只要牵引变压器二次侧的两相电压、电流相互垂直且大小相等，则一次侧的三相系统就能保持三相对称。

采用三相—两相牵引变压器的目的是使电力系统的三相负荷对称，消除或减弱由牵引负荷在电力系统中所产生的负序电流。比较典型的采用斯科特接线的三相—两相牵引变压器线原理如图5-1-2所示。

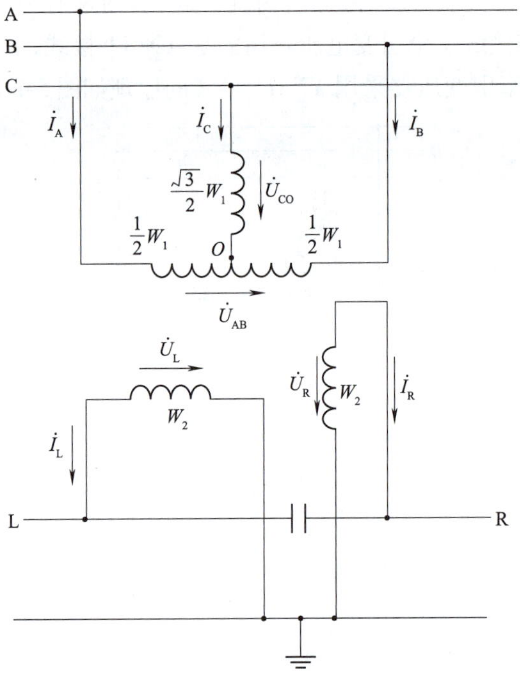

图5-1-2　斯科特接线原理

二、牵引变压器的运行状态

变压器有正常运行、不正常运行、短路故障3种运行状态。

（1）变压器正常运行是变压器最常见的一种运行方式。

（2）变压器不正常运行状态包括变压器过负荷运行、变压器外部负荷侧短路故障引起的绕组过电流、油箱严重漏油、变压器过热等。这些不正常运行状态的出现，将引起变压器线圈与铁芯的过热，加速绝缘老化。

（3）牵引变压器大多为油浸式的，其高低压绕组均在油箱内，故变压器的短路故障可分为油箱内部故障和油箱外部故障两种。油箱内故障包括绕组的相间短路、匝间短路、接地短路和铁芯烧损等，其中绕组匝间短路故障比较常见，而绕组相间短路故障比较少。油箱内故障非常危险，故障点的高温电弧不仅会烧毁绕组和铁芯，还会使变压器油绝缘分解产生大量气体，可能会引起变压器油箱爆炸的严重后果。

油箱外部故障包括套管和引出线上发生相间短路和接地短路。此类故障为变压器常见故障。

三、牵引变压器的保护设置要求

针对上述各种故障与不正常运行状态，变压器通常装设有多种保护装置。其保护装置的设置必须满足的要求为：当变压器发生故障时，保护装置应可靠而迅速地动作；当变压器处于不正常运行状态时，应发出相应的报警信号。

四、牵引变压器的保护配置

针对上述故障与不正常运行状态，变压器通常装设有多种相应的继电保护装置，主要有以下几种：

1. 变压器的主保护

主保护用于反映变压器短路故障，应瞬时动作，且动作后变压器各侧断路器均跳闸，变压器退出运行。主保护由重瓦斯保护和纵联差动保护组成。

重瓦斯保护用于反映变压器油箱内严重短路故障。800 kV · A 及以上的户外油浸式及 400 kV · A 及以上的户内变压器应装设重瓦斯保护。

纵联差动保护既能反映变压器油箱内的短路故障，又能反映油箱外引出线及套管上的短路故障。6 300 kV · A 及以上并列运行的变压器，10 000 kV · A 及以上单独运行的变压器，均应装设纵联差动保护。10 000 kV · A 及以下的电力变压器，应装设电流速断保护。对于 2 000 kV · A 以上的变压器，当电流速断保护灵敏度不能满足要求时，也应装设纵联差动保护。

2. 变压器的后备保护

后备保护用于变压器短路故障的后备保护。当主保护拒动时，由后备保护经一定延时后动作，变压器退出运行。后备保护主要包括过电流保护、复合电压启动的过电流保护、低电压启动的过电流保护、零序过电流保护等。

过电流保护用于反映外部相间短路引起的变压器过电流，同时作为变压器内部相间短路的后备保护。

当采用一般过电流保护而灵敏度不能满足要求时，可采用低压启动的过电流保护。复合电压启动的过电流保护是用复合电压元件取代低电压元件，使保护电压元件的灵敏度进一步提高。

在电压为 110 kV 及以上中性点直接接地电网的变压器上，一般应装设零序过电流保护，主要用来反映变压器外部接地短路引起的变压器过电流，同时作为变压器内部接地短路的后备保护。

3. 变压器的辅助保护

辅助保护用于反映变压器的不正常运行状态。辅助保护动作后，一般只发出告警信号，主要包括过负荷保护、过热保护和轻瓦斯保护。

过负荷保护用于监视变压器的过负荷运行。数台变压器并列运行或单独运行作为其他负荷的备用电源时，应装设过负荷保护。

过热保护用于监视变压器的上层油温，使其不超过规定值。过热保护一般经延时动作于发信号或启动变压器的冷却装置。

轻瓦斯保护反映变压器油箱内的轻微短路故障和油面的严重降低。

任务实施

某铁路局集团公司供电段的某牵引变电所中牵引变压器采用油浸式变压器，变压器的额定容量为15 000 kV · A，额定电压为110 kV/27.5 kV，请为此牵引变压器配置完整的继电保护方案，以保证供电系统的可靠运行。

任务实施步骤
1. 接受任务,学习任务资讯,搜索并查阅与之相关的拓展文献资料。 2. 根据老师分配的小组,和组员一同完成任务:分析油浸式牵引变压器的结构和运行特性。 3. 小组内讨论,并设计牵引变压器的保护配置方案。 4. 各小组之间交叉进行检查并讨论,提出意见。 5. 填写“项目评价表”:老师检查小组与个人完成的任务,提出意见并根据“项目评价”中的“评分标准”给出成绩
实施记录:
小组意见与老师意见记录:

任务二 牵引变压器的瓦斯保护

任务描述

根据供电系统发生的不同程度的故障，本任务主要分析瓦斯保护的工作过程，并对瓦斯保护的动作方式和整定原则做出归纳总结。

任务资讯

一、瓦斯保护概述

油浸式牵引变压器内部充满了有良好绝缘和冷却性能的变压器油，油面高于油箱直达油枕的中部。油箱内发生任何类型的故障或不正常运行状态都会引起油箱内部油的状态的变化。如发生相间短路或单相接地故障时，故障点由短路电流造成的电弧温度很高，使附近的变压器油及其他绝缘材料受热分解产生大量气体，并从油箱流向油枕上部。而当发生绕组的匝间或层间短路时，局部温度升高也会使油的体积膨胀，排出溶解在油内的气体。

瓦斯保护是反映油浸式电力变压器内部故障的一种相当灵敏的保护装置，它能灵敏反映油箱内部的气体的状态和变压器的运行情况。因此，瓦斯保护作为变压器的主保护之一，被广泛应用在容量为 800 kV · A 及以上的油浸式变压器保护中。

瓦斯保护反映的故障情况有：变压器内部多相短路、匝间短路、铁芯故障、油面下降或漏油、分接开关接触不良或导线焊接不良等。

二、瓦斯继电器的结构

瓦斯保护的主要元件是瓦斯继电器，又称为气体继电器，文字符号为 KG。它是一种反映气体变化的继电器，装设在油浸式变压器的油箱与油枕之间的联通管中部。

为了使油箱内的气体能顺利通过瓦斯继电器而流向油枕，在安装变压器时，要求其顶盖与水平面间有 1% ~1.5% 的坡度，使安装继电器的连接管有 2% ~4% 的坡度，使安装继电器的连接管有 2% ~4% 的坡度，均朝油枕的方向向上倾斜，如图 5-2-1 所示。

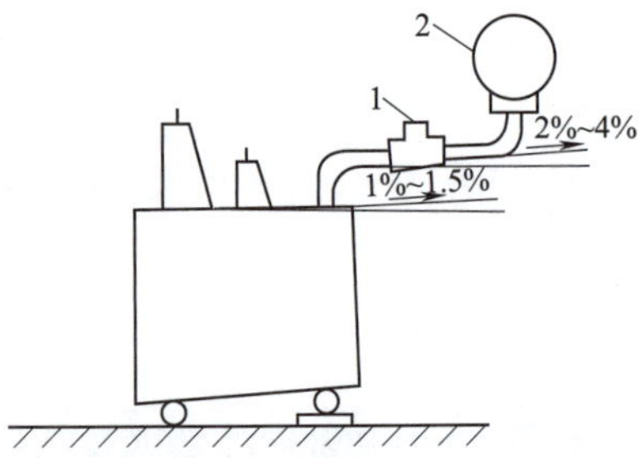

1—瓦斯继电器；2—油枕。

图 5-2-1 瓦斯继电器的安装示意

常用的瓦斯继电器有两种：浮子式和挡板式。挡板式瓦斯继电器是将浮子式的下浮子改为挡板结构。挡板式结构又分为浮筒挡板式和开口杯挡板式两种形式。目前常用的是 FJ 系列的瓦斯继电器，如图 5-2-2 所示。该继电器采用开口杯挡板式，其中开口杯 1、2 和平衡锤固定在它们之间的一个转轴上，上开口杯 2 反映油箱内的轻度故障，下开口杯 1 反映油箱内严重故障。

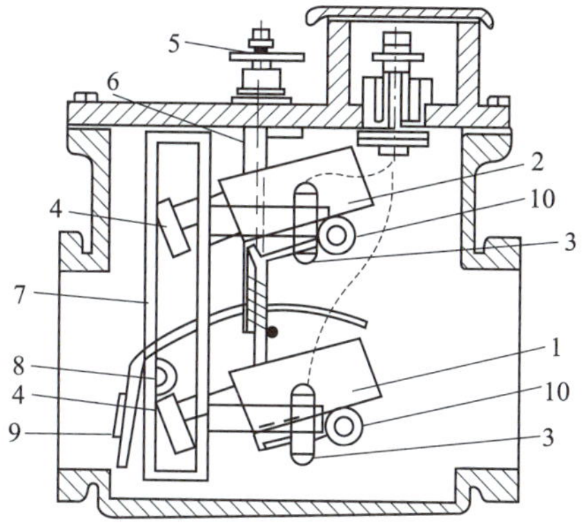

1—下开口杯;2—上开口杯;3—干簧触点;4—平衡锤;5—放气阀;
6—探针;7—支架;8—挡板;9—进油挡板;10—永久磁铁。

图 5-2-2 FJ3-80 型瓦斯继电器结构

三、瓦斯保护工作原理

当变压器正常运行时,瓦斯继电器内部的上、下开口杯 2 和 1 都充满油,而上下开口杯因各自平衡锤 4 的作用而升起,此时上下两对干簧触点 3 都是断开的,如图 5-2-3(a)所示。

当变压器油箱内部发生轻微故障时,由故障产生的少量气体逐渐汇集于瓦斯继电器顶部,并由上而下地压缩其中的油,使油面下降,上开口杯 2 因失去油的浮力,盛有残余油的一端力矩大于转轴另一端平衡锤的力矩,于是上开口杯 2 下降,带动永久磁铁靠近上部干簧触点 3,使触点闭合,发出轻瓦斯保护动作信号,如图 5-2-3(b)所示。

当变压器油箱内部发生严重故障时,如相间短路、铁芯起火等,由于故障产生的气体很多,油气流迅速地由变压器油箱冲击到联通管进入油枕。大量的油气混合体在经过瓦斯继电器时,冲击凹形挡板 8,使下开口杯 1 下降,带动永久磁铁靠近下部干簧触点 3,使之吸合,发出跳闸脉冲,表示重瓦斯保护动作,如图 5-2-3(c)所示。

当变压器严重漏油而使油面下降时,首先是上开口杯 2 露出油面,发出报警信号。进而下开口杯露出油面后,继电器动作,发出跳闸命令,如图 5-2-3(d)所示。

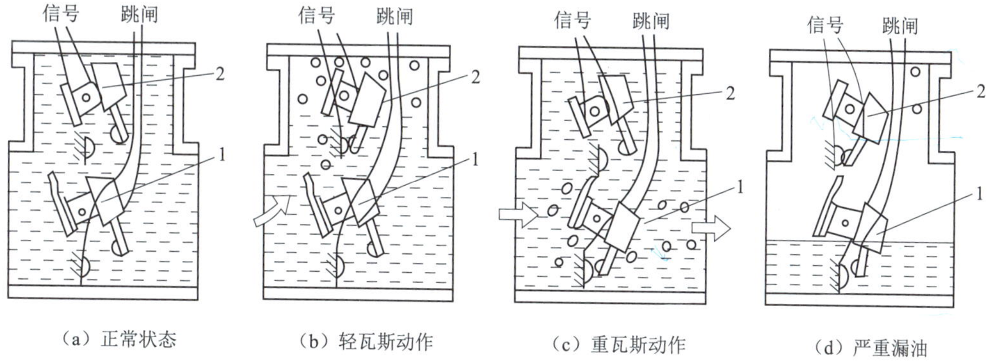

1—下开口杯;2—上开口杯。

图 5-2-3 瓦斯继电器的不同动作状态

四、瓦斯保护整定

轻瓦斯保护的动作值是按气体的容积来整定的，一般整定的范围 250～300 cm^3。气体容积的调整是通过改变平衡锤的位置来实现的。

重瓦斯保护的动作值是按油流的流速表示的，一般整定的范围 0.6～1.5 m/s，此流速指的是瓦斯继电器安装导管油流的速度。

五、瓦斯保护优缺点

瓦斯保护动作迅速、灵敏度高、接线和安装简单，能反映变压器油箱内部各种类型的故障，特别是当变压器绕组匝间短路的匝数很少，故障回路电流虽然很大，可能造成严重过热，但能反映到外部的电流变化却很小的情况，瓦斯保护具有很高的灵敏度。

但瓦斯保护不能反映变压器油箱外的套管和引出线的短路故障，因此瓦斯保护不能作为变压器各种故障的唯一保护，还必须与其他保护装置配合使用。另外，瓦斯保护抵抗外界干扰的性能较差，例如剧烈的振动就容易误动作。

任务实施

模拟式瓦斯保护的控制回路原理接线如图 5-2-4 所示，根据二次接线图，在供电系统发生轻微故障和严重故障时，分析瓦斯保护的动作过程并记录整理。

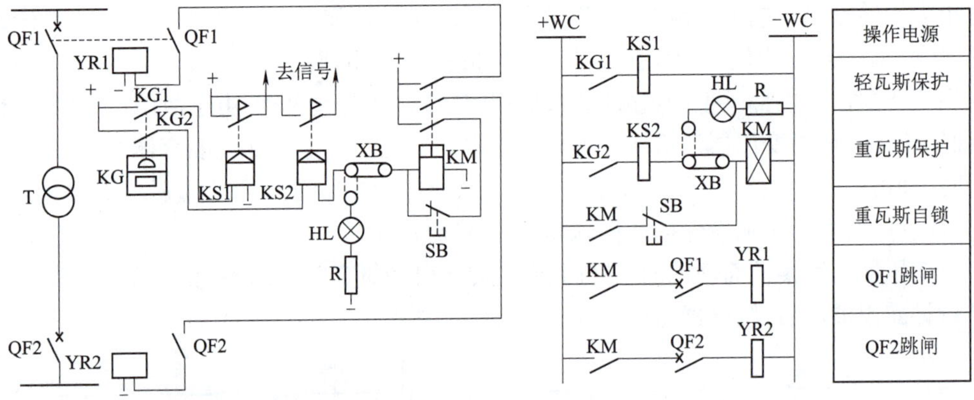

（a）归总式原理　　（b）展开式原理

图 5-2-4　模拟式瓦斯保护的原理接线

<table>
<tr><th>任务实施步骤</th></tr>
<tr><td>1. 接受任务,学习任务资讯,搜索并查阅与之相关的拓展文献资料。
2. 根据老师分配的小组,和组员一同完成任务:分析牵引变压器瓦斯保护原理接线图。
3. 小组内讨论,并总结记录轻瓦斯保护的动作方式与过程。
4. 小组内讨论,并总结记录重瓦斯保护的动作方式与过程。
5. 各小组之间交叉进行检查并讨论,提出意见。
6. 填写“项目评价表”:老师检查小组与个人完成的任务,提出意见并根据“项目评价”中的“评分标准”给出成绩</td></tr>
<tr><td>实施记录:</td></tr>
<tr><td>小组意见与老师意见记录:</td></tr>
</table>

任务三　牵引变压器的纵联差动保护

任务描述

根据牵引变压器进出线两侧的电流大小，本任务主要分析变压器纵联差动保护的工作过程，分析不平衡电流对保护的影响，并分析差动保护的动作特性。

任务资讯

由于牵引变压器的瓦斯保护只能反映油箱内部故障，而变压器引出线及套管上发生故障时，需要有保护动作且切除故障，因此，对于并联运行、容量为 6 300 kV · A 及以上，单台运行、容量为 10 000 kV · A 及以上的牵引变压器，应装设纵联差动保护。

一、纵联差动保护工作原理

纵联差动保护是利用比较变压器各侧电流的大小和相位原理构成的一种保护装置，它能反映变压器油箱内部与引出线及套管上的各种故障，并能予以瞬时切除，是牵引变压器的主保护。

变压器纵联差动保护是按照循环电流原理构成的，当变压器内部故障时应可靠动作，而当变压器空载合闸、正常运行、外部出现短路故障时均不动作。

1. 双绕组变压器纵联差动保护原理

如图 5-3-1 所示为双绕组变压器纵联差动保护原理接线，在变压器高低压侧均设置了电流互感器，流过差动继电器中的电流等于两侧电流互感器的二次侧电流之差。由于变压器高压侧和低压侧额定电流不同，应适当选择两侧电流互感器的变比，使变压器正常运行或外部故障时，流过继电器的电流基本为零。

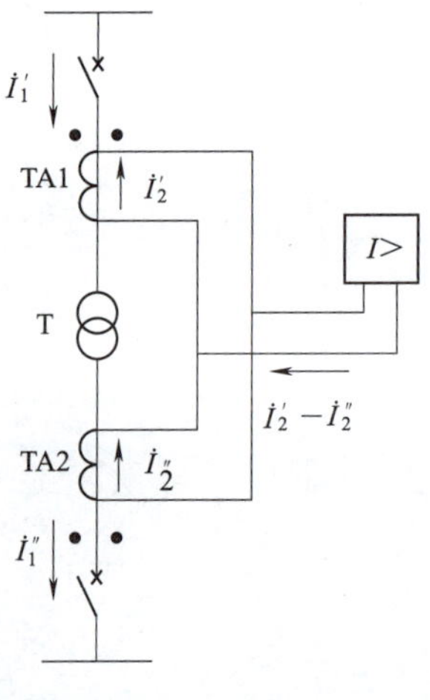

图 5-3-1　纵联差动保护原理接线

其中，电流互感器 TA1、TA2 二次电流为

$$\dot{I}'_2 = \dot{I}''_2 = \frac{\dot{I}'_1}{K_{i1}} = \frac{\dot{I}''_1}{K_{i2}} \text{或} \frac{K_{i2}}{K_{i1}} = \frac{\dot{I}''_2}{\dot{I}'_2} = K_T$$

式中　K_{i1}、K_{i2}——电流互感器 TA1、TA2 的变比；

K_T——变压器的变比。

若上述条件满足，则当正常运行或外部故障时，流入差动继电器的电流为

$$\dot{I}'_K = \dot{I}'_2 - \dot{I}''_2 = 0$$

当变压器内部故障时，流入差动继电器的电流为

$$\dot{I}'_K = \dot{I}'_2 + \dot{I}''_2 \neq 0$$

2. Yd11 接线变压器纵联差动保护原理

如图 5-3-2 所示为 Yd11 接线变压器纵联差动保护接线和相量图。

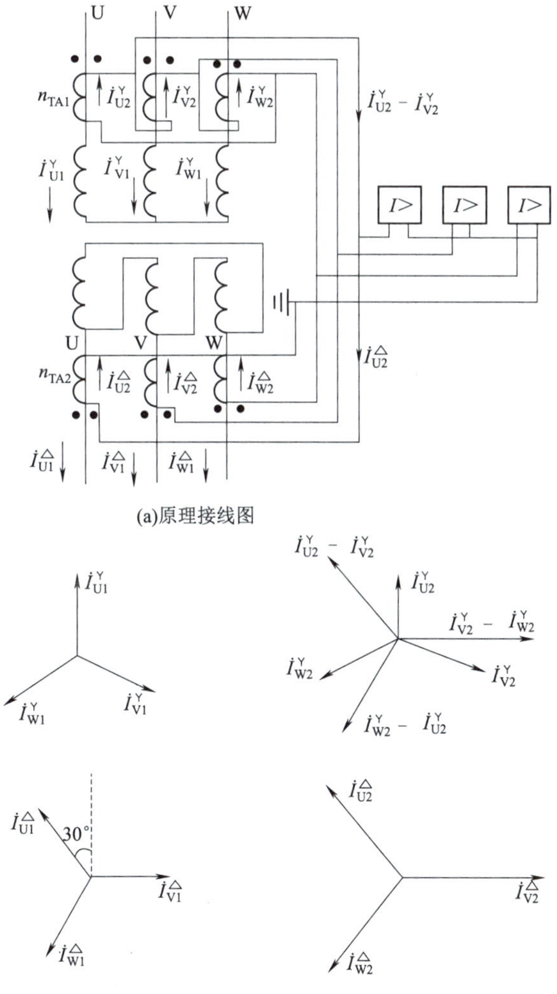

(b)电流互感器一次电流相量图　(c)差动回路两侧电流相量图

图 5-3-2　Yd11 接线变压器纵联差动保护接线和相量图

3. 纵联差动保护装置应考虑的因素

为实现纵联差动保护装置的基本要求,在保护的构成上应考虑:

(1)差动继电器中电流应为两侧电流互感器二次电流之差,即两侧二次电流应分别流入和流出差动继电器。

(2)流入、流出差动继电器的两电流相位应相同。变压器为 Yd11 联结时,变压器两侧电流的相位差为 30°。为此,变压器星形接线侧的电流互感器接成三角形接线,三角形接线侧的电流互感器接成星形接线,进行相位补偿。

(3)流入、流出差动继电器的两电流大小应相等。为此,应正确选用两电流互感器的变比,需满足的条件为

$$\left.\begin{aligned}&\text{高压侧}:K_{i1}=\frac{\sqrt{3}I_{N1}}{5}\\&\text{低压侧}:K_{i2}=\frac{I_{N2}}{5}\\&\text{且}\frac{K_{i1}}{K_{i2}}=\sqrt{3}K_T\end{aligned}\right\}$$

4. 差动保护的动作情况

(1)当变压器正常运行和外部发生短路故障时,流过差动继电器的两电流相位相同且大小相等,其差值为零,差动继电器不动作,差动保护不启动。

(2)当变压器故障时,流入差动继电器的电流为I_{2Y},(单台变压器运行)或$I_{2Y}+I_{2\triangle}$(多台变压器并列运行),其值很大,差动继电器可靠动作。

(3)当变压器空载合闸时,流入差动继电器的电流为励磁涌流I_{2Y}($I_{2\triangle}=0$),差动继电器可能误动作,必须采取有力措施加以防止。

二、变压器纵联差动保护的特点

变压器纵联差动保护最明显的特点是产生不平衡电流的因素很多。不平衡电流是指变压器在正常运行及保护范围外部故障时流入纵联差动保护差动回路的电流。为了保证纵联差动保护动作的选择性,其动作电流应按躲开外部短路时出现的最大不平衡电流来整定。不平衡电流越大,继电器的动作电流也越大。不平衡电流越大,就会降低内部短路时保护动作的灵敏度。因此,减小不平衡电流及其对保护的影响,是变压器纵联差动保护要解决的主要问题。

现对不平衡电流产生的原因及改善措施分别进行讨论。

1. 因电流互感器计算变比与实际变比不同而产生的不平衡电流

电流互感器在制造上的标准化,使得实际变比与计算变比往往不相等,从而产生不平衡电流。电流互感器变比误差的影响,采用 BCH 型差动继电器,通过调整差动继电器平衡线圈的匝数来补偿。而在微机保护中利用平衡系数进行自动调整。

2. 因两侧电流互感器型号不同而产生的不平衡电流

由于变压器各侧电压等级和额定电流不同,所以变压器两侧的电流互感器型号不同,

两侧电流互感器的饱和特性和励磁电流也就不同，从而在差动回路中产生较大的不平衡电流。其影响可采用提高保护装置的动作电流来消除，即在计算保护装置的动作电流时，引入同型系数。

3. 因变压器带负荷调节分接头而产生的不平衡电流

变压器带负荷调节分接头是电力系统中电压调整的一种方法，改变分接头就是改变变压器的变比。整定计算中，纵联差动保护只能按照某一变比整定，选择适当的平衡线圈减小或消除不平衡电流的影响。纵联差动保护投入运行后，在调压抽头改变时，一般不可能对纵联差动保护的电流回路重新操作，因此又会出现新的不平衡电流。不平衡电流的大小与调压范围有关。保护装置采用提高动作电流值的方法以躲过不平衡电流的影响。

4. 因变压器励磁涌流而产生的不平衡电流

在空载投入变压器或外部故障切除后恢复供电等情况下，就可能产生很大的励磁电流，其数值可达额定电流的 6 ~ 8 倍。这种暂态过程中出现的变压器励磁电流称为励磁涌流。励磁涌流的存在，常常导致纵联差动保护误动作。

根据实验结果及理论分析可知，励磁涌流具有以下特点：励磁涌流很大，其中含有大量的直流分量；励磁涌流中含有大量的高次谐波，其中以二次谐波为主；励磁涌流的波形有间断角。

根据上述励磁涌流的特点，变压器纵联差动保护常采用下述措施：

(1)采用带有速饱和变流器的差动继电器构成纵联差动保护。在差动继电器之前接入速饱和变流器，当励磁涌流流入速饱和变流器时，其大量的直流分量使速饱和变流器迅速饱和，因而在其二次侧的感应电势较小，不会使继电器动作。

(2)利用二次谐波制动的差动继电器构成纵联差动保护。在变压器内部故障或外部故障的短路电流中，二次谐波分量所占比例较小。而当空载投入变压器而产生励磁涌流时，变压器上只有电源侧有电流，利用其中二次谐波形成制动电压，构成二次谐波制动的纵联差动保护，使之有效地躲过励磁涌流的影响。

(3)采用鉴别波形间断角的差动继电器构成纵联差动保护。

以上措施中，传统的模拟式差动保护广泛采用的是速饱和变流器的差动继电器，随着微机式差动保护的大量应用，差动继电器可以采用更丰富的手段来鉴别励磁涌流。我国电力系统广泛采用的是二次谐波闭锁原理。二次谐波闭锁原理是根据励磁涌流中含有大量二次谐波分量而内部故障电流中二次谐波含量很低的特点，当监测到差动电流中二次谐波含量大于整定值时，就将差动继电器闭锁，以防止励磁涌流引起的误动。

三、变压器纵联差动保护的动作特性

在实际运行中，变压器纵联差动保护必须考虑各种不平衡电流的影响。变压器纵联差动保护一般由差动速断保护和比率差动保护两个元件组成。

1. 差动速断保护

当变压器内部发生严重故障时，不再进行制动条件的判别，而是直接发出作用于保护出口的跳闸脉冲，快速地跳开变压器两侧断路器。差动电流速断保护动作逻辑如图 5-3-3 所示。

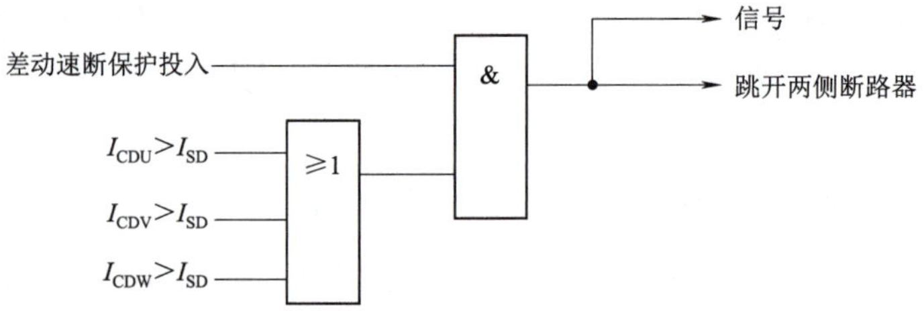

图 5-3-3 变压器差动速断保护动作逻辑

在差动电流速断保护投入的前提下，只要 U、V、W 三相中有一相差动电流大于差动电流速断保护的动作电流值，差动保护就输出动作信号，并将变压器两侧的断路器跳闸。

2. 比率差动保护

由前面不平衡电流的讨论可知，电流互感器传变产生的不平衡电流与变压器的穿越电流有关。外部故障时，变压器的穿越电流很大，不平衡电流也就很大。如果按照躲过最大外部故障时的不平衡电流来整定动作电流，将会使差动保护的灵敏度降低。为此采用比率差动保护原理，即引入一个能够反映变压器穿越电流大小的制动电流，动作电流的大小可以根据制动电流的大小自动调整，其中比率是指差动电流与制动电流之比。这样既能保证在变压器外部故障时差动保护动作的可靠性，又能保证在内部故障时动作的灵敏性。制动电流一般定义为

$$I_{ZD}=\frac{1}{2}\left|\dot{I}'_2+\dot{I}''_2\right|$$

三段式比率差动保护的动作特性由三个区域组成：差动速断动作区、比率差动动作区和制动区，如图 5-3-4 所示。在差动动作区，其动作判据可表示为

$$I_{CD}\geqslant I_{DZ},\qquad I_{ZD}\leqslant I_1$$

$$I_{CD}-K_1(I_{ZD}-I_1)\geqslant I_{DZ},\qquad I_1\leqslant I_{ZD}\leqslant I_2$$

$$I_{CD}-K_1(I_2-I_1)+K_2(I_2-I_{ZD})\geqslant I_{DZ},\qquad I_{ZD}>I_2$$

式中 I_{ZD}——差动保护的制动电流；

I_{DZ}——差动保护的动作整定电流；

I_1、I_2——差动保护的制动电流Ⅰ段、Ⅱ段整定值；

K_1、K_2——差动保护的Ⅰ段、Ⅱ段整定系数。

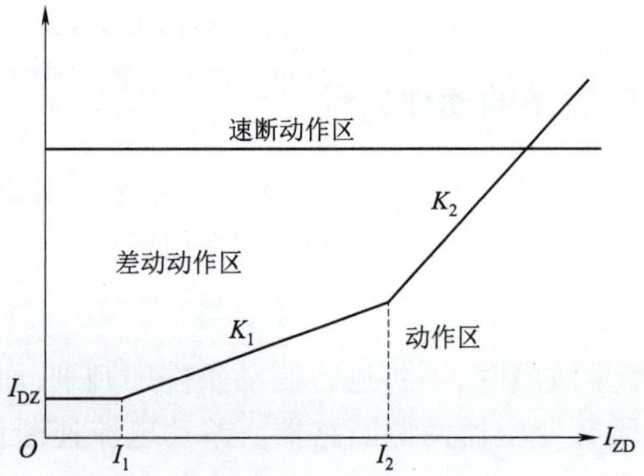

图 5-3-4 变压器三段式比率差动保护动作特性

在制动区内，变压器空载投入或外部故障切除后电压恢复时，会产生励磁涌流。为避免差动保护误动作，增加二次谐波闭锁功能，当差动电流中的二次谐波电流大于一定值时，将保护可靠闭锁，其制动条件为

$$I_{CD2} \geqslant K_{YL} I_{CD}$$

式中　I_{CD2}——差动电流中的二次谐波电流；

I_{CD}——差动电流中的基波电流；

K_{YL}——二次谐波制动系数。

变压器二次谐波制动的比率差动保护动作逻辑如图 5-3-5 所示。

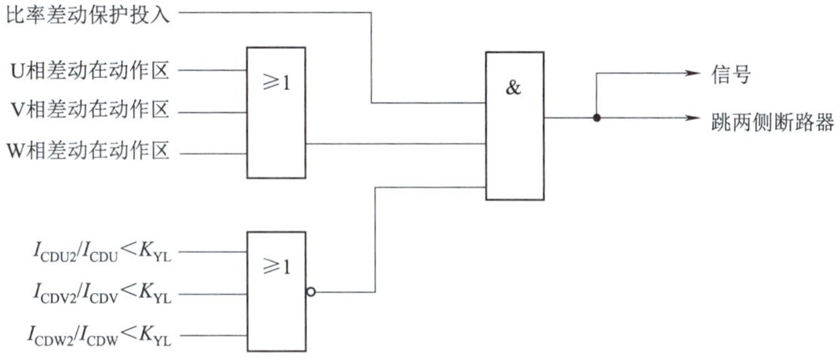

图 5-3-5　变压器二次谐波制动的比率差动保护动作逻辑

在比率差动保护投入的前提下，只要 U、V、W 三相中有一相差动电流在动作区，且二次谐波制动信号无输出的情况下，差动保护就输出动作信号，并将变压器两侧的断路器跳闸。

四、变压器纵联差动保护的整定计算及特点

1. 动作电流的整定

（1）躲过电流互感器二次回路断线时引起的差动电流

变压器某侧电流互感器二次回路断线时，另一侧电流互感器的二次电流全部流入差动继电器中，此时引起保护误动。有的纵联差动保护采用断线识别的辅助措施，在互感器二次回路断线时将纵联差动保护闭锁。若没有断线识别措施，则纵联差动保护的动作电流I_{act}必须大于正常运行情况下变压器的最大负荷电流。即

$$I_{act} = \frac{K_{rel}}{K_{re}} I_{L \cdot max}$$

式中　K_{rel}——可靠系数，取 1.3；

K_{re}——返回系数，取 0.85；

$I_{L \cdot max}$——变压器最大负荷电流。

（2）躲过保护范围外部短路时的最大不平衡电流

变压器差动保护的最大不平衡电流为

$$I_{unb \cdot max} = (K_{st} \cdot 10\% + \Delta U + \Delta f_{er}) I_{k \cdot max} / k_i$$

式中　10%——电流互感器的允许最大误差；

K_{st}——电流互感器同型系数，若同型取 0.5，若不同型取 1；

ΔU——变压器分接头改变引起的相对误差,取调压范围的一半;

Δf_{er}——平衡线圈整定匝数与计算匝数不等产生的相对误差,计算时取 0.05;

$I_{k \cdot max}/k_i$——保护范围外部最大短路电流归算到二次侧的值。

(3)躲过变压器的最大励磁涌流

在空载投入变压器或外部故障切除后恢复供电等情况下,励磁涌流的存在,常常导致纵联差动保护误动作。有的纵联差动保护通过鉴别励磁涌流,将纵联差动保护闭锁。若没有励磁涌流识别措施,则纵联差动保护的动作电流必须大于变压器的最大励磁涌流,即

$$I_{act} = K_{rel} K_N I_N$$

式中 K_{rel}——可靠系数,取 1.3;

K_N——励磁涌流的最大倍数,一般取 6 ~ 8 倍;

I_N——变压器的额定电流。

按上面 3 个条件计算纵联差动保护的动作电流,选取最大值作为保护的整定值。所有电流都要折算到电流互感器的二次侧值。

2. 动作时间的整定

采用瞬时动作方式,保护动作不延时。

3. 灵敏系数的校验

$$K_{sen} = \frac{I_{k \cdot min}}{I_{op}} \geqslant 2$$

式中 $I_{k \cdot min}$——各种运行方式下变压器内部故障时,流经差动继电器的最小差动电流,即采用在单侧电源供电时,系统在最小运行方式下,变压器发生短路时的最小短路电流。

当灵敏系数不能满足要求时,则需采用具有制动特性的差动继电器。必须指出,即使灵敏系数校验能满足要求,但对变压器内部的匝间短路、轻微故障等,纵联差动保护往往不能迅速灵敏地动作。

运行经验表明,在此情况下,常常是瓦斯保护先动作,然后待故障进一步发展,纵联差动保护才动作。显然,纵联差动保护的整定值越大,对变压器内部故障的反应能力越低。

任务实施

在变压器空载合闸前,或者变压器外部故障切除后变压器的电压突然恢复时,会产生很大的励磁涌流,从而在纵联差动保护中引起较大的不平衡电流,若不采取相应的措施对励磁涌流进行识别和制动,纵联差动保护就会误动。因此,在变压器的纵联差动保护中,励磁涌流一直是一个十分重要的问题。根据励磁涌流产生的原因与特点,分析励磁涌流与短路电流的区别,总结识别励磁涌流的常用方法。

任务实施步骤

1. 接受任务,学习任务资讯,搜索并查阅与之相关的拓展文献资料。

2. 根据老师分配的小组,和组员一同完成任务:分析励磁涌流产生的原因与特点。

3. 小组内讨论,从以下几方面分析励磁涌流与短路电流的区别,并完成下表。

表　励磁涌流与短路电流的区别

项目	励磁涌流	短路电流
波形		
谐波分量		
直流分量		

4. 小组内讨论,并总结记录重瓦斯保护的动作方式与过程。

5. 各小组之间交叉进行检查并讨论,提出意见。

6. 填写“项目评价表”:老师检查小组与个人完成的任务,提出意见并根据“项目评价”中的“评分标准”给出成绩

实施记录:

小组意见与老师意见记录:

任务四　牵引变压器的后备保护和过负荷保护

任务描述

为保证牵引变压器的可靠性，本任务主要介绍了牵引变压器的后备保护和过负荷保护配置方案，分析牵引变压器发生接地故障时的保护工作过程。

任务资讯

一、后备保护

为了防止外部短路引起的过电流和作为变压器纵联差动保护、瓦斯保护的后备，牵引变压器还应装设后备保护。后备保护既是变压器本身主保护的后备保护，又是相邻母线或线路的后备保护。根据变压器容量的大小、地位及性能和系统短路电流的大小，变压器的后备保护可采用过电流保护、低电压启动的过电流保护、复合电压启动的过电流保护或负序电流保护等。

1. 过电流保护

变压器过电流保护的工作原理与线路定时限过电流保护相同。保护动作后，跳开变压器两侧的断路器。保护的动作电流按躲过变压器可能出现的最大负荷电流来整定，即

$$I_{act}=\frac{K_{rel}}{K_{re}}I_{L\cdot max}$$

式中　K_{rel}——可靠系数，一般取为1；

K_{re}——返回系数，取为0.85～0.95；

$I_{L\cdot max}$——变压器可能出现的最大负荷电流。

变压器的最大负荷电流应按下列情况考虑。

(1)对并联运行的变压器，应考虑切除一台最大容量的变压器后，在其他变压器中出现的过负荷。当各台变压器的容量相同时，可按下式计算

$$I_{L\cdot max}=\frac{n}{n-1}I_{N\cdot T}$$

式中　n——并联运行变压器的最少台数；

$I_{N\cdot T}$——变压器的额定电流。

(2)对降压变压器，应考虑负荷中电动机自启动时的最大电流$I_{Ms\cdot max}$，即

$$I_{Ms\cdot max}=K_{Ms}I_{L\cdot max}$$

式中　K_{Ms}——综合负荷的自启动系数，其值与负荷性质及用户与电源间的电气距离有关，对110 kV降压变电站的6～10 kV侧，取1.5～2.5；对35 kV侧，取1.5～2.0；

$I_{L\cdot max}$——正常工作时的最大负荷电流(一般为变压器的额定电流)。

保护的动作时限及灵敏系数校验与项目二所讲的定时限过电流保护相同，这里不再赘述。

按以上条件选择的启动电流，其值一般较大，往往不能满足作为相邻元件后备保护的要求，为此需要采用以下几种提高灵敏性的方法。

2. 低电压启动的过电流保护

低电压启动的过电流保护的启动元件包括电流元件和低电压元件，一般采用电流继电器和低电压继电器。

其启动元件电流继电器的动作电流按躲过变压器的额定电流整定计算，即

$$I_{act}=\frac{K_{rel}}{K_{re}}I_{N \cdot T}$$

因而，其动作电流比按最大负荷电流整定的一般过电流保护的启动电流小，从而提高了保护的灵敏性。

低电压继电器的动作电压U_{act}可按躲过正常运行时最低工作电压整定，一般情况下也可直接取$U_{act}=0.7\ U_{N \cdot T}$（$U_{N \cdot T}$为变压器的额定电压）。

电流元件的灵敏系数按项目二给出的公式校验，电压元件的灵敏系数按下式校验：

$$K_{sen}=\frac{U_{act}}{U_{k \cdot max}}$$

式中　$U_{k \cdot max}$——最大运行方式下，灵敏系数校验点短路时，保护安装处的最大电压。

对于牵引变压器来说，一般要在高压侧装设三相低压启动的过流保护，并且还要在低压侧装设 a 相和 b 相低压启动的过流保护。

当牵引变压器 a 相或 b 相 27.5 kV 母线短路时，a 相或 b 相装设的低压启动的过流保护将会动作，经过整定的动作时限（一般为 0.7 s），直接将 27.5 kV 母线 a 相或 b 相断路器跳闸，将短路故障切除，同时发出过流保护动作的信号。当牵引变压器 a 相与 b 相 27.5 kV 母线之间短路或 a 相、b 相、c 相三相短路时，a 相和 b 相装设的低压启动的过流保护将会同时动作，经过整定的动作时限，将 27.5 kV 母线 a 相和 b 相断路器同时跳闸，将短路故障切除，同时发出过流保护动作的信号。

当接触网短路时，馈线保护与变压器 27.5 kV 侧低压启动的过流保护可能会同时启动，但由于馈线保护的动作延时比主变压器 27.5 kV 侧低压启动的过流保护的延时小一个时限级差，所以馈线保护先动作，使馈线断路器跳闸，将故障切除。如果馈线保护由于某种原因拒动，那么主变压器 27.5 kV 侧低压启动的过流保护动作，将短路故障切除。也就是说，主变压器 27.5 kV 侧低压启动的过流保护可作为相应馈线保护的远后备。

在主变压器 27.5 kV 侧 a 相和 b 相分开装设低压启动的过流保护的优点在于：当任意一相母线短路时，仅仅是短路相的保护动作，断路器跳闸，而正常相仍可照常供电，保证机车正常运行，缩小停电范围。

牵引变压器高压侧装设的三相低压启动的过流保护则是作为主变压器的纵联差动保护的近后备和 27.5 kV 侧 a 相和 b 相过流保护的远后备保护。它的动作时限应该比 27.5 kV侧 a 相和 b 相过流保护的动作时限大一个时限级差，一般取 1 s。当保护范围内动作时，如果主变压器的纵联差动保护、27.5 kV 侧 a 相和 b 相过流保护都没有动作，则高压侧装设的三相低压启动的过流保护就会动作，使主变压器 110 kV 侧和 27.5 kV 侧的断路器都跳闸，将短路故障切除，同时发出信号。

二、过负荷保护

变压器的过负荷保护反映变压器对称过负荷引起的过电流。变压器的过负荷电流在大多数情况下都是三相对称的，因此只需装设单相过负荷保护。对于牵引变压器来说，由于各相牵引负荷不相等，所以过负荷保护应该装在牵引变压器高压侧的重负荷相上。保护经延时动作于信号。

对于一般的电力变压器，过负荷保护的动作电流，仍按躲开变压器的额定电流整定，即

$$I_{act}=\frac{K_{rel}}{K_{re}}I_{N\cdot T}$$

为了防止过负荷保护在外部短路时误动作，其时限应比变压器的后备保护动作时限大一个 Δt。

三、牵引变压器接地短路的保护配置

在供电系统中，接地故障是最常见的故障形式。接于中性点直接接地系统的变压器，一般要求在变压器上装设接地保护作为变压器主保护和相邻元件接地保护的后备保护。发生接地故障时，变压器中性点将出现零序电流，母线将出现零序电压，变压器的接地保护通常都是由反映这一类的电气量构成。

大接地电流系统发生单相或两相接地短路时，零序电流的分布和大小与系统中变压器中性点接地的数目和位置有关。通常，对只有一台变压器的升压变电所，变压器都采用中性点直接接地的运行方式。对有若干台变压器并联运行的变电所，则采用一部分变压器中性点接地运行的方式，以保证在各种运行方式下，变压器中性点接地的数目和位置尽量维持不变，从而保证零序保护有稳定的保护范围和足够的灵敏度。

110 kV 以上变压器中性点是否接地运行，还与变压器中性点的绝缘水平有关。对于220 kV 及以上的大型电力变压器，高压绕组一般都采用分级绝缘，其中性点绝缘有两种类型：一种是绝缘水平很低，例如 500 kV 系统的中性点绝缘水平为 38 kV，这种变压器的中性点必须直接接地运行，不允许将中性点接地回路断开；另一种则绝缘水平较高，例如 220 kV 变压器的中性点绝缘水平为 110 kV，其中性点可直接接地，也可在系统中不失去接地点的情况下不接地运行。当系统发生单相接地短路时，不接地运行的变压器应能够承受加到中性点与地之间的电压。因此，采用这种变压器，可以安排一部分变压器接地运行，另一部分变压器不接地运行，从而可把电力系统中接地故障的短路容量和零序电流水平限制在合理的范围内，同时也是为了接地保护本身的需要。因此，变压器零序保护的方式与变压器中性点的绝缘水平和接地方式有关，应分别予以考虑。

1. 中性点直接接地变压器的零序电流保护

中性点直接接地变压器接地短路的后备保护毫无例外地采用零序电流保护。为了缩小接地故障的影响范围及提高后备保护动作的快速性和可靠性，一般配置两段式零序电流保护，每段各带两级延时。

2. 中性点可能接地或不接地运行时变压器的零序电流电压保护

中性点直接接地系统发生接地短路时，零序电流的大小和分布与变压器中性点接地数

目和位置有关。为了使零序保护有稳定的保护范围和足够灵敏度，在发电厂和变电所中，将部分变压器中性点接地运行。因此，这些变压器的中性点有时接地运行，有时不接地运行。

(1)全绝缘变压器

由于变压器绕组各处的绝缘水平相同，因此，在系统发生接地故障时，允许后断开中性点不接地运行的变压器。

零序电压元件的动作电压应按躲过在部分接地的电网中发生接地短路时保护安装处可能出现的最大零序电压整定，一般取$U_{act\cdot0}=180\ V$。

由于零序电压保护仅在系统中发生接地短路且中性点接地的变压器已全部断开后才动作，因此保护的动作时限t_5不需与其他保护的动作时限相配合。为避开电网单相接地短路时暂态过程的影响，一般取$t_5=(0.3\sim0.5)$ s。

(2)分级绝缘变压器

对于220 kV及以上电压等级的变压器，为了降低造价，高压绕组采用分级绝缘，中性点绝缘水平较低，在单相接地故障且失去中性点接地时，其绝缘将受到破坏。为此，可在变压器中性点装设放电间隙。当间隙上的电压超过动作电压时迅速放电，使中性点对地短路，从而保护变压器中性点的绝缘。因放电间隙不能长时间通过电流，故在放电间隙上装设零序电流元件，在检测到间隙放电后迅速切除变压器。另外，放电间隙是一种比较粗糙的设施，气象条件、调整的精细程度及连续放电的次数都可能使之出现该动作而不动作的情况。因此，对于这种接地方式，仍应装设专门的零序电流电压保护，其任务是及时切除变压器，防止间隙长时间放电，并作为放电间隙拒动的后备。

任务实施

牵引变压器在中性点直接接地时会产生零序电流，一般采用零序电流保护作为后备保护，其原理如图5-4-1所示。根据保护的逻辑原理，分析零序保护Ⅰ段、Ⅱ段的工作过程，并说明零序Ⅰ段、Ⅱ段的动作延时。

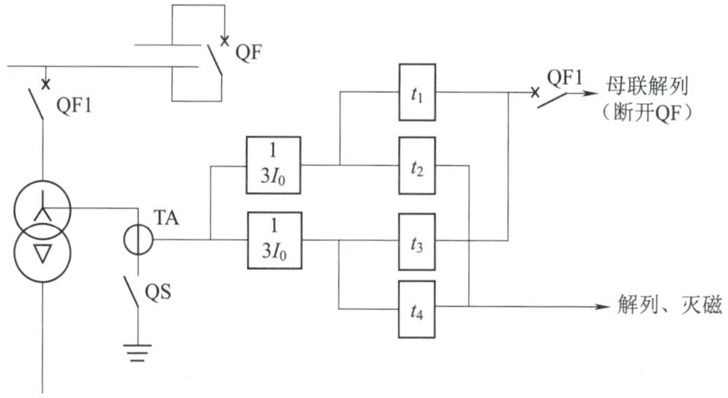

图5-4-1 中性点直接接地运行变压器的零序电流保护逻辑原理

任务实施步骤
1. 接受任务，学习任务资讯，搜索并查阅与之相关的拓展文献资料。 2. 根据老师分配的小组，和组员一同完成任务：分析零序电流保护的工作原理。 3. 小组内讨论，分析零序电流保护的工作过程并归纳总结。 4. 小组内讨论，根据工作过程叙述零序Ⅰ段、Ⅱ段的动作延时，以及如何保证选择性的要求。 5. 各小组之间交叉进行检查并讨论，提出意见。 6. 填写“项目评价表”：老师检查小组与个人完成的任务，提出意见并根据“项目评价”中的“评分标准”给出成绩
实施记录：
小组意见与老师意见记录：

项目评价

任务	任务内容	配分	评分标准	得分
任务一	牵引变压器的保护配置	20	1. 牵引变压器的结构与运行状态分析错误，扣10分； 2. 牵引变压器的保护配置错误，扣10分	
任务二	牵引变压器的瓦斯保护	30	1. 轻瓦斯保护的动作过程与动作方式错误，扣15分； 2. 重瓦斯保护的动作过程与动作方式错误，扣15分	
任务三	牵引变压器的纵联差动保护	30	1. 描述励磁涌流产生的原因与特点错误，扣10分； 2. 励磁涌流与短路电流的区别表格填写错误，扣10分； 3. 识别励磁涌流的方法描述错误，扣10分	
任务四	牵引变压器的后备保护和过负荷保护	20	1. 描述零序电流保护的工作过程错误，扣10分； 2. 零序电流保护两段之间的动作延时判断错误，扣10分	
学号		总分		

思考与练习

1. 简述牵引变压器故障包括哪些类型及相应后果。
2. 简述牵引变压器保护配置原则。
3. 简述牵引变压器主保护、后备保护、辅助保护反映变压器哪种运行状态及动作特点。
4. 简述瓦斯保护作用及反应故障类型。
5. 简述瓦斯保护工作原理，以及保护的优缺点。
6. 简述纵联差动保护作用及反映故障类型。
7. 简述纵联差动保护工作原理。
8. 简述变压器纵联差动保护中，不平衡电流可能产生的原因及改善措施。

项目六 牵引网的保护

素养园地

勇探前沿，奋斗书写青春华章

青荣、日兰、莱荣，从纸上蓝图到路上通途；复退军人、接触网工、技术主管，从“职场小白”到“业务大拿”；这位年轻电网“医生”有一个梦想，那就是给千里铁道插上一对坚强有力的电力翅膀。越是棘手的困难，越是劲头十足；脱下军装，换上工装，改变的是身份，不变的是他把青春奉献给祖国的铮铮誓言！

油勇江，青岛供电段临沂北供电车间技术助理，曾获“全国优秀共青团员”，“全路优秀共青团员”“新长征突击手”“春运立功竞赛先进个人”，“集团公司优秀共产党员”“先进工作生产者”“优秀共青团员”“最美劳动者”等称号。

2014 年从部队转业后，年轻的他加入了青岛供电段。入职后，面对全新的工作环境，油勇江迅速调整状态，用了三年，就从一个“技术新兵”成长为供电专业的“技术大拿”。“决不能认输！”这是他给自己的承诺。彼时恰逢青荣城际铁路即将验收开通，刚入职的他主动报名，成为验收队伍的一员。面对复杂的技术，他没有退缩，而是积极学习、主动探索，通过不断地学习和实践，逐步掌握了关键技术，为青荣城际铁路供电设备顺利开通贡献了自己的力量。

2019 年鲁南高速铁路开通验收，油勇江迎来更为艰巨的挑战。“为的就是能交给老区人民一条优质的高速铁路线路。”静态验收期间，他头顶烈日，一米不漏地检验设备，平均每天作业 9 h 以上，有时最长作业时间达到 15 h。“工作认真，验收仔细”，同事们每当提起他，都会忍不住地夸赞。油勇江和他所在的小组在静态验收阶段共发现并解决了 3 108 条设备缺陷问题，为后期鲁南高速铁路供电设备开通提供了坚实的保障。同年，油勇江荣获“全国优秀共青团员”称号。

鲁南高速铁路开通后，任劳任怨的他开始担任厉家寨工区工长。在工区，他定期组织技术讲座和实操演练，让年轻工人在实践中学习，在学习中成才。“一滴水，只有融入大海才能获得永久的生命，一个人，只有融入团体的事业才能实现人生价值。”油勇江用实际行动诠释了新时代铁路青年的风貌。

感想领悟：

学习目标

1. 能力目标

(1)能准确说明牵引网的特点。

(2)能正确牵引网的距离保护配置。

(3)能够准确说明牵引网电流增量保护的工作过程。

(4)能正确说明并联电容补偿装置的保护配置方式。

(5)能够准确叙述牵引网故障测距的方法。

2. 知识目标

(1)掌握四边形阻抗继电器的工作原理。

(2)掌握自适应距离保护的原理。

(3)掌握并联电容补偿装置的作用。

(4)掌握牵引网故障测距的必要性。

(5)掌握牵引网故障测距的所需装置。

3. 素质目标

(1)具有热爱祖国、服务人民的家国情怀。

(2)具有科技报国、安全保电的使命担当。

(3)具有积极向上的合作精神与团队意识。

铁路供电牵引系统是为铁路电力机车提供电能的相对独立的一套供电系统设备,牵引网作为特殊的供电线路,其结构复杂,工作条件恶劣,短路故障发生概率很高,为减小短路造成的破坏程度和损失,要求一旦发生短路应尽快切除故障。因此,建立一套可靠的牵引网保护尤为重要。

任务一　牵引网的距离保护

任务描述

本任务主要分析牵引网的结构组成与特点,并根据牵引网的状态配置距离保护与具备自适应能力的距离保护。

任务资讯

一、牵引网的特点

牵引网是一种特殊的供电网络线路,其主要功能是为铁路上运行的电力机车提供牵引动力,所以其接触网必须沿铁路线上空架设。由于铁路线路受地理环境位置的影响大,致使牵引网与一般电力系统的输电线路相比较,在运行工作环境、网络结构及供电用户负荷特性上存在许多差异与特殊性,这也就决定了牵引网的保护装置必须有合理的保护方式并满足一定的要求。

牵引网属于单相交流供电网,其正常工作相当于两相运行,牵引网的对地短路是两相短路。因此牵引网运行具有以下特点：

(1)牵引网的结构复杂，运行条件差，短路故障发生率高，有时候平均几天就会发生一次跳闸。

(2)牵引负荷是移动的，牵引网负荷电流变化剧烈，最大负荷很大，对保护装置的工作十分不利。

(3)牵引网的阻抗比一般电力系统输电线路的阻抗要大。在系统最小运行方式下，当供电臂末端短路时，短路电流较小，使得保护装置的灵敏性降低；同时牵引网最大负荷电流大，这两个因素共同作用，致使一般电流保护无法使用。

(4)牵引网的负荷阻抗角较大，电力机车的功率因数角也变大；牵引网短路阻抗较小，因此阻抗中电阻的成分比较大。

(5)牵引网负荷电流的波形畸变大，电流中含有大量的三次谐波分量，将导致保护装置误动作。

由此可知，在建立牵引网保护时，应考虑选择速动性好、灵敏度高、可靠性好、躲过渡电阻能力强并适合频繁动作的保护装置，宜使用自动重合闸装置，以提高牵引网供电质量。

二、牵引网的距离保护

交流牵引网通常采用四边形特性方向阻抗继电器的距离保护作为主保护，一般设两段距离保护。

1. 四边形特性方向阻抗继电器

四边形特性方向阻抗继电器的特性如图 6-1-1 所示，四边形的四条边为阻抗元件的边界线，内部为动作区，外部为非动作区。设线路末端的最大过渡电阻为 AB 边，线路始端的最大过渡电阻为 OC 边，当线路任一点短路时，保护装置所测量的阻抗值总在 $OABC$ 内。如果阻抗继电器的动作特性与此四边形相适应，则能对线路故障起到很好的保护作用。

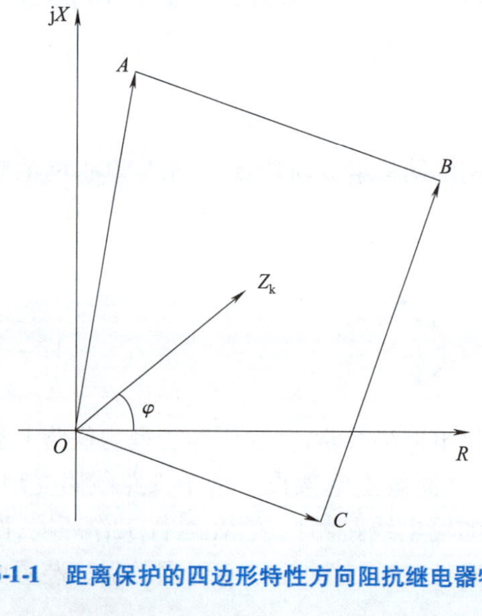

图 6-1-1 距离保护的四边形特性方向阻抗继电器特性

(1)四边形特性方向阻抗继电器的优缺点

四边形特性方向阻抗继电器具有以下几个方面的优点：

①具有更高的灵敏度和更强的躲负荷能力。

②反映过渡电阻的能力也较强。

③不会因为电压互感器二次侧断线而误动作。

④当被保护线路上只有变压器励磁涌流时，四边形特性方向阻抗继电器不会误动作。

同时，四边形特性方向阻抗继电器存在以下几个缺点：

①比较复杂，用的相量较多，较难掌握，调试比较困难。

②易受高次谐波干扰而出现误动或拒动的不可靠工作情况，因此，用在牵引网时，必须采取措施将高次谐波滤掉。

(2)牵引网距离保护整定原则

牵引网距离保护的整定原则：当线路末端短路时，保护应具有足够的灵敏度；在正常最小负荷情况下，距离保护装置不应误动。

①AB 边动作阻抗整定(线路整定阻抗)为

$$Z_{\mathrm{set}\cdot\mathrm{AB}}=K_{\mathrm{k}}\cdot Z_{\mathrm{k}\cdot\max}=K_{\mathrm{k}}\cdot Z_{\mathrm{AB}}$$

式中　$Z_{\mathrm{k}\cdot\max}$——末端短路时的最大短路阻抗；

K_{k}——可靠系数，$K_{\mathrm{k}}=1.2\sim1.5$。

②BC 边动作阻抗整定(负荷整定阻抗)为

$$Z_{\mathrm{set}\cdot\mathrm{BC}}=K_{\mathrm{k}}\cdot Z_{\mathrm{L}\cdot\min}$$

式中　$Z_{\mathrm{L}\cdot\min}$——线路的最小负荷阻抗；

K_{k}——可靠系数，$K_{\mathrm{k}}=0.5$。

2. 自适应距离保护

随着电气化铁路的发展，对牵引网馈线保护的性能提出了更高的要求。但由于牵引网结构复杂，牵引负荷又具有移动冲击性、含有丰富的谐波等特点，使得传统保护在自适应能力方面有一定缺陷，因此在所应用的牵引网馈线微机保护装置中更广泛地应用自适应原理，以提高保护的自适应能力，达到优化保护性能的目的。

(1)自适应距离保护的优势

对于采用整流型电力机车的电气化铁路，尤其是在重载的情况下，牵引负荷与再生制动电流的迭加都有可能导致常规距离保护误动作。作为牵引网馈线自适应距离保护，其优势就是利用牵引网中存在的谐波电流分量生成控制量，自适应地调节阻抗继电器的动作边界，以提高距离保护的自适应能力。

各种牵引网馈线微机保护装置产品中的距离保护，一般是利用牵引负荷电流中的2、3、5次谐波含量作为控制量，自适应地调节阻抗继电器的动作边界，从而有效地解决了谐波对距离保护的影响问题。

(2)自适应距离保护的原理

广泛应用的牵引网馈线微机保护中的距离保护均采用带有抑制谐波功能的自适应阻抗元件，其基本原理是在原有阻抗特性所测量的阻抗之上，加入谐波电流分量生成控制量(综合谐波含量)和谐波抑制系数，从而对阻抗特性进行自适应调整与修正。自适应距离保护的阻抗继电器动作特性如图 6-1-2 所示。

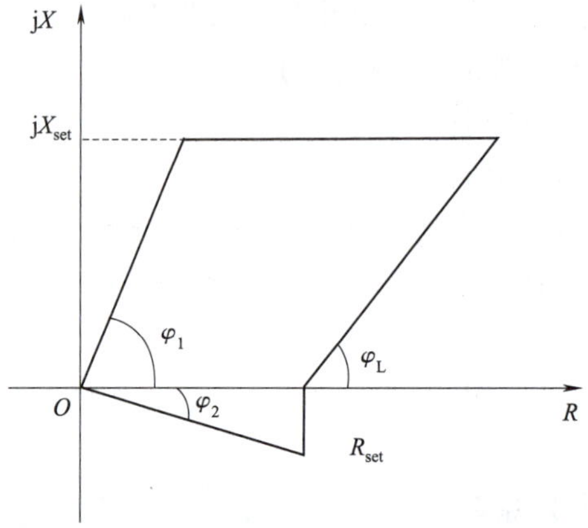

图 6-1-2　自适应距离保护的阻抗继电器动作特性

设常规阻抗继电器援建的动作边界整定阻抗为 Z_{set}，则自适应阻抗继电器的动作边界的整定阻抗值为

$$Z'_{set}=Z_{set}/(1+K_hK)$$

式中　K——综合谐波含量，应用 2、3、5 次谐波作为控制量时，$K=(I_2+I_3+I_5)/I_1$，I_1、I_2、I_3、I_5分别为基波、2、3、5 次谐波电流分量有效值；

K_h——谐波抑制加权系数；

Z'_{set}——自适应调节后的阻抗继电器的动作边界整定值。

根据以上原理，可以对四边形特性方向阻抗继电器动作边界进行调节。例如，在常规阻抗继电器的 AB 边的动作整定阻抗的基础上，采用自适应调节后的线路整定阻抗 Z'_{KAB}为

$$Z'_{KAB}=Z_{KAB}/(1+K_hK)$$

通过对线路整定阻抗的自适应调节后，可以避免被保护线路上同时存在多列机车分别工作在牵引再生或启动工况下的继电器误动现象。

在常规阻抗继电器的 BC 边的动作整定阻抗Z_{KBC}的基础上，采用自适应调节后的负荷整定阻抗为Z'_{KBC}

$$Z'_{KBC}=Z_{KBC}/(1+K_hK)$$

通过对负荷整定阻抗的自适应调节后，可以避免出现继电器在牵引网出现重负荷时的误动作。

(3)谐波含量的取值与距离保护的自适应能力

实践证明，谐波分量考虑的成分越大，抑制效果越好。在牵引馈线电流中不但含有丰富的 2、3、5 高次谐波而且 7、9、11 次谐波含量也很高，因此有必要在谐波抑制中加入这些谐波，以提高其精度。

在馈线距离保护中，将负荷电流中的 2、3、5、7、9、11 次谐波综合谐波含量作为控制量，自适应地调节阻抗继电器的动作边界，可以大大提高距离保护的自适应能力。此时，取 $K=(I_2+I_3+I_5+I_7+I_9+I_{11})/I_1$，将 K 代入线路整定阻抗与负荷整定阻抗就可得到自适应能力更强的阻抗特性。

任务实施

某牵引网配置距离保护并安装四边形阻抗继电器，如图 6-1-1 所示，线路长度为 $L=100$ km，线路整定可靠系数 $K_k=1.5$，牵引网最小工作电压 $U_{L \cdot min}=25$ kV，最大负荷电流 $I_{L \cdot max}=800$ A，负荷整定可靠系数 $K_k=0.5$，对此牵引网的距离保护中线路整定阻抗、负荷整定阻抗进行计算，并分析四边形阻抗继电器的优缺点。

任务实施步骤
1. 接受任务,学习任务资讯,搜索并查阅与之相关的拓展文献资料。 2. 根据老师分配的小组,和组员一同完成任务:对距离保护中的整定阻抗进行计算。 3. 小组内讨论,并根据计算结果分析四边形阻抗继电器的优缺点。 4. 各小组之间交叉进行检查并讨论,提出意见。 5. 填写“项目评价表”:老师检查小组与个人完成的任务,提出意见并根据“项目评价”中的“评分标准”给出成绩
实施记录:
小组意见与老师意见记录:

任务二　牵引网的电流增量保护

任务描述

根据牵引负荷的特点和负荷中的谐波分量，本任务主要介绍了牵引网进行电流增量保护的配置，并分析三段反时限电流保护的工作原理。

任务资讯

由于交流牵引负荷、故障电流和线路结构上具有与一般输电线路所不同的特点，以及随着微机继电保护技术的不断成熟，牵引网的保护方式不但在前期距离保护和电流保护的基础上日趋多样化，而且在保护功能上更加完善，保护的性能更加优越。

一、交流牵引负荷的特点

交流牵引网的供电用户大多是交—直流电力机车，为大功率移动负荷，负荷电流很大、负荷电流性质复杂。交流牵引负荷的特点主要表现为以下几个方面。

(1)牵引负荷电流含有大量的高次谐波分量。交流牵引网上运行的电力车多为整流式电力机车和电动车组，其形成的负荷电流波形是非正弦的，含有大量的高次谐波。

(2)牵引负荷电流变化剧烈，最大负荷电流很大。牵引负荷不仅是移动的，而且其大小也随时都在变化，这主要与线路情况、机车类型、列车重量、运行速度等因素有关。尤其在运输繁忙的铁路干线上，当一个供电臂上有数组列车同时运行时，馈线电流可在 0 至 600 ~ 800 A 的极宽范围内变化。当采用双机牵引或三机牵引时，馈线电流可超过 1 000 A 以上。所以，牵引网属于重负载供电线路，在建立保护时，电流保护灵敏系数较低，应以距离保护作为主保护使用。

(3)在接触网电压下空载投入电力机车变压器时将产生励磁涌流。电力机车变压器空载投入时产生的励磁涌流幅值可达 500 ~ 600 A。当馈线突然断电，机车失压，而后由自动重合闸将馈线断路器重新投入时，馈线电流由于机车变压器的空载投入将达到很高的数值。

(4)正常负荷情况下，牵引网负荷功率因数一般为 0.8 左右。牵引状态下电力机车电流的相位角为 25° ~ 40°，机车启动时为 55° ~ 60°，再生制动时为 90° ~ 120°。由于各种机车整流电路的不同，电流相位角也有所差异。馈电线负荷的电流相位角还与供电臂机车的数量和工作状态有关，是不断变化的，一般为 37°左右，比普通电力负荷功率因数低。

二、牵引负荷中谐波分量的利用

电气化铁路上运行的主要是整流式电力机车或动车组，其负荷电流中含有大量的高次谐波，其中以三次谐波为最多，而牵引网短路电流则接近于正弦波。因此，在构建牵引网保护时，可以利用三次谐波的含量区分牵引网的正常工作与故障状态。另外，机车的励磁涌流从数值上虽然大大超过正常负荷电流，甚至接近故障电流，但它却含有大量二次谐波，因此可以利用二次谐波含量区分励磁涌流和故障电流。

根据以上特点，在构建牵引网保护的电流保护，可以采用三次谐波制动技术，以提高保护装置动作灵敏性与可靠性。例如，在采用三次谐波制动技术以后，可以相应地降低启动电流的数值，使保护的灵敏系数提高。而在采用二次谐波制动技术以后，就可以不考虑变压器励磁涌流对保护装置的影响，否则要在整定值（动作电流或时限）上躲过涌流，这是很不理想的，它将使保护的灵敏系数大大降低或延时过长。

图 6-2-1 是三次谐波制动电流保护的原理接线。其主要由基波滤过器 Z1，三次谐波滤过器 Z3，桥式整流器 U1、U3 及双线圈（W_1和W_3）继电器所组成。基波电流经过 Z1、U1 电路的滤波与整流后，流入双线圈继电器的W_1线圈；三次谐波电流经过 Z3、U3 的滤波与整流后，流入双线圈继电器的W_3线圈，两电流在线圈W_1、W_3上所产生的磁势I_1W_1和I_3W_3方向相反，I_1W_1为继电器的动作磁势，I_3W_3为继电器的制动磁势，故驱使继电器动作的总安匝数为$I_1W_1-I_3W_3$。在实际应用过程中，适当选择双线圈继电器的W_1、W_3的数值，使在牵引网为正常负荷时，即三次谐波电流I_3具有一定含量时，保证继电器处于不能动作状态。而当牵引网发生故障时，由于基波电流I_1增加，三次谐波电流I_3降低，继电器便能够灵敏动作。

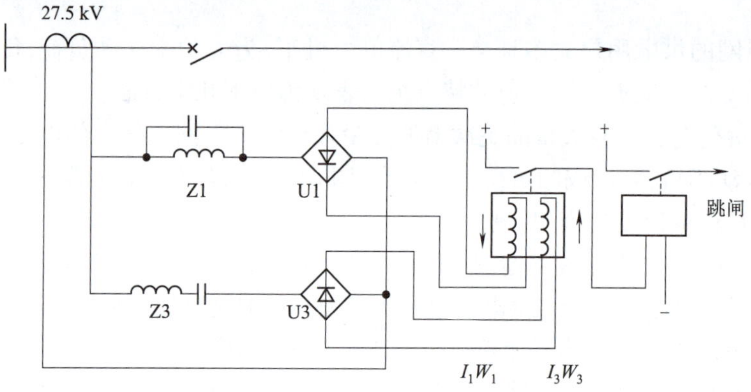

图 6-2-1　三次谐波制动电流保护的原理接线

三、牵引网的电流增量保护

牵引网在正常负荷与故障状态下，短时间内的电流增量 ΔI 是不同的，利用这个差异可以构成馈线保护，例如利用自适应 ΔI 构成反映高阻接地故障的高阻接地保护。正常情况下，尤其在机车起动时，由于电力机车电路中大电感的作用，机车电流在短时间内的增量不会很大。当牵引网或机车发生短路时，馈线的短路电流将急速增加，其变化速度将比正常情况高数倍或数十倍，根据这个特点构成的保护称为电流增量保护（或 ΔI 型保护）。这种保护也在直流供电的电气化铁路或城市轨道交通中得到应用。

1. 电流增量保护的优缺点

电流增量保护的主要优点是选择能力比普通电流保护强。因为一般过电流保护是根据最大负荷电流整定的，所以一个供电分区的最大负荷电流一般能达到列车最大电流的 2 倍左右。而电流增量保护除了反映稳态最大负荷以外，还同时反映短时间内电流的增量，因此其电流整定值可适当减至列车的最大电流，这样不仅保护范围将大大延长，还可以在发生高阻接地故障、异相短路故障时可靠动作。

电流增量保护的主要缺点是动作时间较长。因为机车变压器或线路上的自耦变压器空载投入时,励磁涌流短时间的增量也是很大的,可能造成电流增量保护的误动作,为此必须增加保护的延时达到 300 ms 以上,所以电流增量保护的动作时间较长。

2. 电流增量保护的原理

图 6-2-2 为电流增量保护的原理示意。首先将馈线电流 I 经 I/U 转换器变换成电压,并经整流后送到各自的整定环节。其中,一个回路经 ΔI 检出的电压若大于基准电压 1 时则有输出,该输出延时 300 ms 后,再自保持 50 ms,在此时限内 I 回路的开关闭合。I 整定回路的电压与基准电压 2 比较,如为正值,则有输出,并且保持 300 ms,在此时限内继电器发出指令使断路器跳闸。

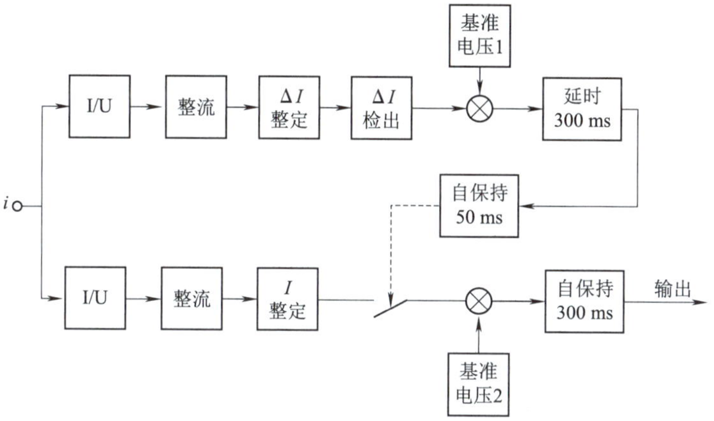

图 6-2-2　电流增量保护的原理示意

综上所述,可以看出,电流增量保护是以 ΔI 超过某一标准电压,且需维持 300 ms 以上才能动作的保护装置。

3. 利用谐波制动的电流增量保护

为了改善电流增量保护的性能,可增加谐波制动环节。图 6-2-3 为应用谐波制动的电流增量保护故障选择器的构成原理示意,其中 1 为基波电流回路,2 为三次谐波电流制动电路,3 为二次谐波电流闭锁电路,4 为 ΔI 检出电路,以及差动放大器、比较器和出口电路等。

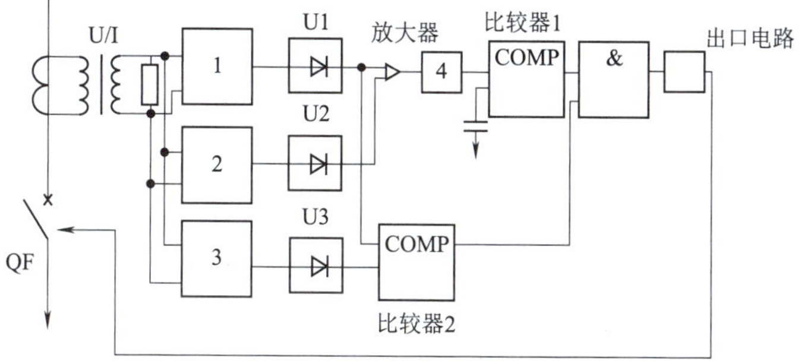

图 6-2-3　谐波制动的电流增量保护故障选择器的原理示意

该选择器的主要特点是增加了三次谐波制动和二次谐波闭锁电路。电力机车通过无电区后负荷电流的增量 ΔI 可能引起保护的误动作。为了避免这种误动作,该种选择器采用了三次谐波制动电路,加上该电路后可适当降低启动电流的数值,从而扩大了保护范围。机车通过无电区后重新受电时,变压器产生的励磁涌流可能引起保护误动作,为此该种选择器采用了二次谐波闭锁电路。一般情况下,当二次谐波分量超过基波的 15% 时,即将保护闭锁。因此,加上该电路后可将原来保护的延时 300 ms 减少到 100 ms 左右。

谐波制动明显地从扩大保护范围、缩短保护延时等方面大大改善了电流增量保护的性能。

四、利用牵引网中电流的持续时间构建的保护

电力机车在线路上行驶时,其负荷电流是经常变化的,即在任一电流值下运行的时间都很短。而牵引网故障电流只要一产生,就一直持续到故障切除后才完结。因此,可以根据电流持续时间的不同鉴别故障电流和负荷电流,并利用这一不同构建牵引网保护装置。

图 6-2-4 所示为三段反时限电流保护特性。由该电流时间曲线可知,不同牵引负荷电流的持续时间是不同的,600 A 时的持续时间约为 120 s,而 1 300 A 时约为 50 s,负荷越重,持续时间越短。

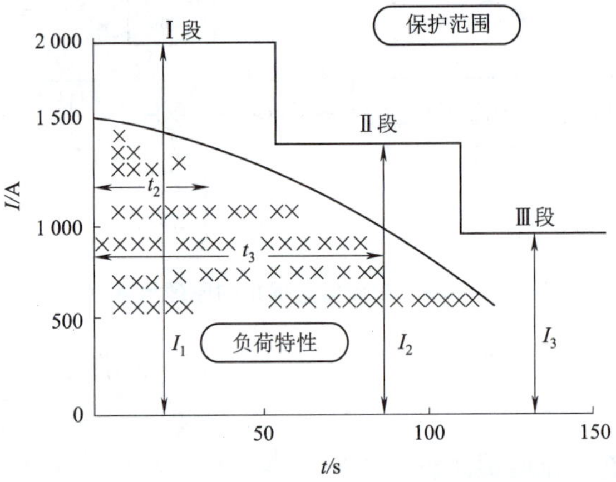

图 6-2-4　三段反时限电流保护特性

任务实施

牵引网的三段反时限电流保护应由反时限过电流继电器构成,也可用几个定时限过电流继电器组合而成。图 6-2-5 为采用三个定时限电流继电器组合成的三段反时限电流保护的原理示意。根据接线原理,分析三段反时限电流保护的工作过程及阶梯时限特性。

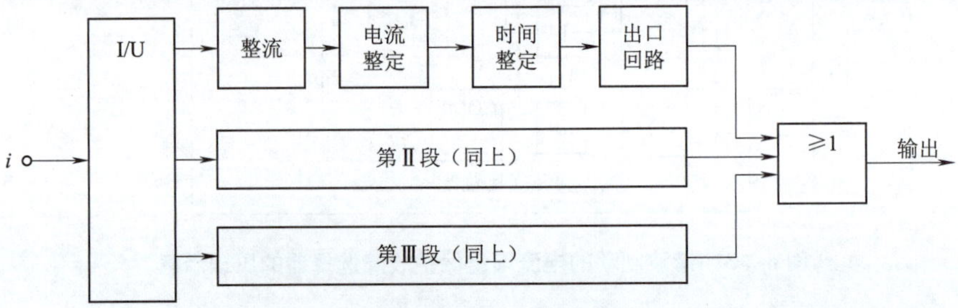

图 6-2-5　三段反时限电流保护的原理示意

任务实施步骤
1. 接受任务，学习任务资讯，搜索并查阅与之相关的拓展文献资料。 2. 根据老师分配的小组，和组员一同完成任务：分析三段反时限电流保护的原理。 3. 小组内讨论，并总结记录三段反时限电流保护的工作过程。 4. 小组内讨论，并总结记录三段反时限电流保护的阶梯形时限特性。 5. 各小组之间交叉进行检查并讨论，提出意见。 6. 填写“项目评价表”：老师检查小组与个人完成的任务，提出意见并根据“项目评价”中的“评分标准”给出成绩
实施记录：
小组意见与老师意见记录：

任务三　并联电容补偿装置的保护

任务描述

根据并联电容补偿装置的运行特点与状态，本任务主要分析并联电容补偿装置的电流保护与电压保护配置。

任务资讯

在牵引供电系统中，由于电力机车负荷大、功率因数较低，同时牵引网末端电压水平也较低，所以要求在牵引变电所装设并联电容器补偿装置，以提高系统的功率因数，降低供电线路的损耗，提高供电电压质量。

一、并联补偿装置的运行特点

并联电容补偿装置是按照工频额定电压下，牵引供电系统所需要的无功功率而设计的，但是在实际中，因为谐波电压的存在和电压波动的情况，都将对并联电容的运行产生影响。并联电容补偿装置的运行有以下特点：

(1)牵引供电系统电压、电流畸变时，谐波电流会从容抗小的电容电路通过，电流增大使电容器的功率损失增大同时还会造成严重过负荷，从而引起电容器损坏。

(2)牵引供电系统运行电压波动时，若静电电容的运行电压要比额定电压低得多，这时无功功率的输出将大为减少，就起不到应有的无功补偿作用；若静电电容的运行电压升高，将会使电容器的温度显著增加，热平衡遭到破坏，最后导致电容器的损坏。

二、并联补偿装置的故障及不正常运行

牵引变电所并联补偿装置常见的电气故障及不正常运行方式有以下几种：

(1)并联补偿装置与断路器之间连线的短路。

(2)并联补偿装置中某一故障电容器切除后引起的过电压。

(3)并联补偿装置中电容器组的单相接地。

(4)并联补偿装置内部故障及其引出线的短路。

(5)并联补偿装置过电压。

(6)并联补偿装置所连接的母线失压。

三、并联补偿装置的保护配置

1. 电流速断保护

电流速断保护用于并联电容补偿装置断路器到电容器或电抗器连接线的短路故障和母线的接地短路故障。电流速断保护的动作逻辑如图 6-3-1 所示，其整定原则为：

(1)不因电力牵引列车产生的高次谐波电流而动作。

(2)不因并联补偿装置投入时产生的合闸涌流而动作。

电流速断保护的动作电流 I_{SD} 一般按照第(2)条原则整定，则也就满足第(1)条原则的要求。计算公式为

$$I_{SD}=\frac{K_{rel}K_i}{K_{re}n_i}I_N$$

式中 I_N——并联补偿装置的额定电流，A；

n_i——电流互感器的电流变比；

K_i——并联补偿装置投入时最大冲击电流倍数；

K_{rel}——可靠系数，一般取 1.2；

K_{re}——返回系数，一般取 0.85。

并联补偿装置投入时，最大冲击电流倍数 K_i 的计算公式为

$$K_i=1+\sqrt{\frac{X_C}{X'_L}}$$

式中 X_C——并联补偿装置电容器组的容抗，Ω；

X'_L——串联电抗器感抗 X_L 与系统感抗 X_S 之和，即 $X'_L=X_S+X_L$，Ω。

灵敏系数 K_{sen} 按牵引侧母线最小两相短路电流 $I^{(2)}_{k\cdot min}$ 校验，不应小于 1.5，其计算公式为

$$K_{sen}=\frac{I^{(2)}_{k\cdot min}}{I_{SD}n_i}\geqslant 1.5$$

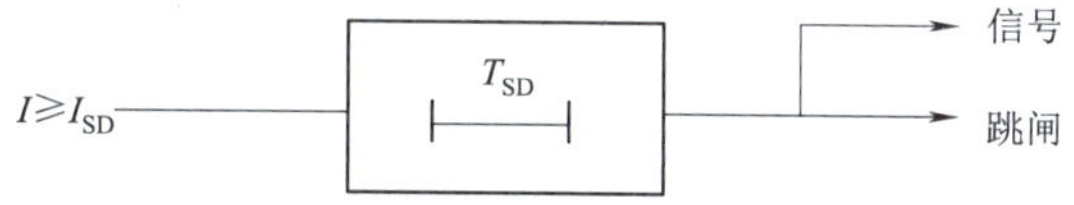

T—延时时间，下标字母是保护的缩写(其他保护动作逻辑同理)。

图 6-3-1 电流速断保护动作逻辑

2. 过电流保护

过电流保护作为电流速断保护的后备保护，反映并联补偿装置内部部分接地故障的保护。其保护的动作逻辑如图 6-3-2 所示，过电流保护的动作电流 I_{GL} 的整定按照躲过并联电容器组的长期允许电流来计算，其计算公式为

$$I_{GL}=\frac{K_{rel}K_{pe}}{K_{re}n_i}I_N$$

式中 K_{pe}——电容器最大长期允许电流倍数，一般取 1.3；

I_N、n_i、K_{rel}、K_{re}——含义与电流速断保护相同。

过电流保护的灵敏系数仍按电流速断保护灵敏度计算，但保护灵敏度系数要求不小于 2。动作延时按躲过合闸涌流的时间确定，动作时限一般为 0.5 ~ 1 s。

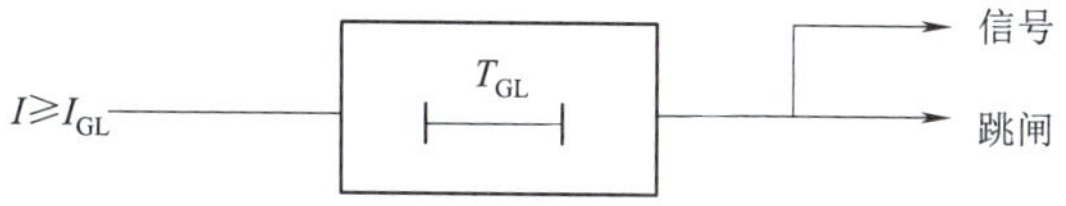

图 6-3-2 过电流保护的动作逻辑

3. 谐波过电流保护

谐波过电流保护用作并联补偿装置高次谐波超过允许值的保护，其动作逻辑如图 6-3-3

所示。可根据流入并联电容补偿装置高次谐波电流允许值和相应时间进行整定。

电容器在通过额定电流(正弦)的同时允许通过等价三次谐波电流 I_3 的数值与时间为

$$I_3 = \sqrt{\sum_{n=2}^{\infty}\left(\frac{n}{3}I_n\right)^2} \leqslant 0.78I_N\ (\text{持续})$$

$$I_3 \leqslant 1.5I_n\ (2\ \text{min})$$

式中 I_n——流入并联电容补偿装置的 n 次(通常 n 为3、5、7)谐波电流,A;

I_N——并联电容补偿装置的额定电流,A。

因此,谐波过电流保护动作电流为

$$I_{XB} = \sqrt{\frac{\sum_{n=2}^{\infty}\left(\frac{n}{3}I_n\right)^2}{n_i}} = \frac{1.2I_n}{n_i}$$

式中 n_i——电流互感器的变比。

动作时限 $t=2\sim3$ min。

当流入并联补偿装置的等价三次电流的数值与时间达到上述整定值(I_{XB},t)时,谐波过电流保护动作,使相应的断路器跳闸。

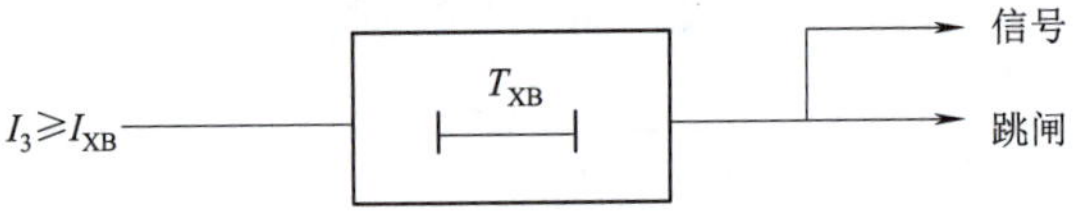

图6-3-3 谐波过电流保护的动作逻辑

4. 差电流保护

差电流保护(纵向电流差动保护)用作并联电容补偿装置对地短路的主保护。特别是对电抗器、末端电容器和它们引线的保护具有重要意义。这些设备对地短路时,回路阻抗增大、短路电流减小,而差电流保护对短路电流很小的故障有很高的灵敏度,因此能可靠、有效地切除故障。差电流保护的动作逻辑如图6-3-4所示,I_{dif}为并补支路差电流的基波分量。

该保护是由并联补偿装置首端和末端两个电流互感器二次侧按电流差接线构成的。采用一般电流继电器做差流继电器,而不采用差动继电器。因后者要求的动作电流较大,对短路电流小的情况不能进行整定。

该保护差流继电器的动作电流计算公式为

$$I_{CL} = \frac{\Delta f_{max}K_{st}K_{rel}K_i}{n_i}I_N$$

式中 Δf_{max}——电流互感器最大允许误差,取0.1;

K_{st}——考虑电流互感器特性不同的系数,不同型为1,同型为0.5;

如果需要进一步减小该保护差流继电器的动作电流,可采用动作延时的方法躲过并联补偿装置投入时的合闸涌流。

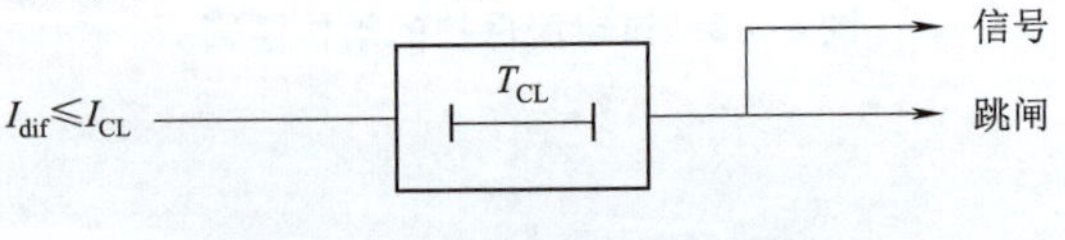

图6-3-4 差电流保护动作逻辑

5. 差电压保护

差电压保护是一种用于反映并联补偿装置电容器内部故障和局部(单串)电容器过电压的保护,差电压保护灵敏度高,保护范围大,不受合闸涌流、高次谐波和电压波动的影响。正常时,因两段串联电容器的容抗基本相等,差压继电器线圈的差电压基本为零(安装时尽量满足这一要求),差压继电器不动作。当某段有电容器发生内部故障时,两段串联电容器的容抗不再相等,差压继电器线圈得到差电压,当差电压达到或大于整定值时,差电压继电器动作,并切除并联电容补偿装置。其动作逻辑图如图 6-3-5 所示,U_{dif}为并补装置两半组电容器之差电压的基波分量。

差压继电器的动作电压 U_{CY}的计算公式为

$$U_{CY}=\frac{\Delta U_C}{n_u K_{sen}}$$

式中 ΔU_C——电流互感器最大允许误差,取 0.1;

K_{sen}——灵敏系数,取 1.5;

n_u——差电压保护采用的电压互感器的变比。

为躲过两段串联电容器瞬时出现的电压不平衡,差电压保护应有 0.5 ~1 s 的动作时限。

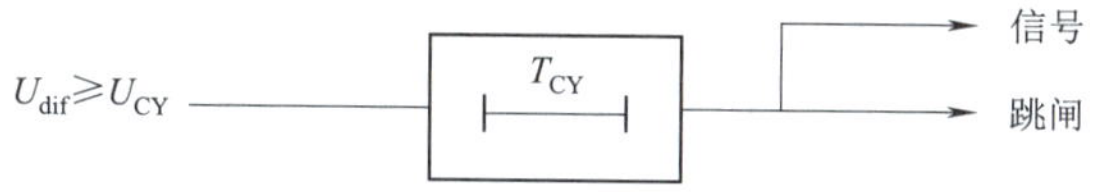

图 6-3-5　差电压保护动作逻辑图

6. 失压保护

为了防止电容器所连接的母线失压后由下列原因对电容器造成的损坏,并联补偿装置应装设失压保护,其动作逻辑图如图 6-3-6 所示。

(1)电容器装置失压后立即恢复供电将可能造成电容器过电压而损坏电容器。

(2)变电所失压后恢复供电,可能造成变压器带电容器合闸涌流及过电压,或失压后的恢复供电可能因无负荷造成电压升高构成的过电压而损坏电容器。

失压保护的整定值既要保护失压后电容器尚有残压时能够可靠动作,又要防止在牵引侧母线瞬间电压降低时发生误动作。一般失压保护的电压继电器的动作值可整定为 50% ~ 60% 的牵引网额定电压,带短延时跳闸。失压保护的动作电压 U_{SY}的计算公式为

$$U_{SY}=\frac{K_{min}U_N}{n_u}$$

式中 U_N——电容器所接牵引侧母线的额定电压;

K_{min}——系统正常运行时可能出现的最低电压系数,一般取 0.5;

n_u——电压互感器的变比。

并联补偿装置的失压保护一般动作时限为 0.5 ~1 s。

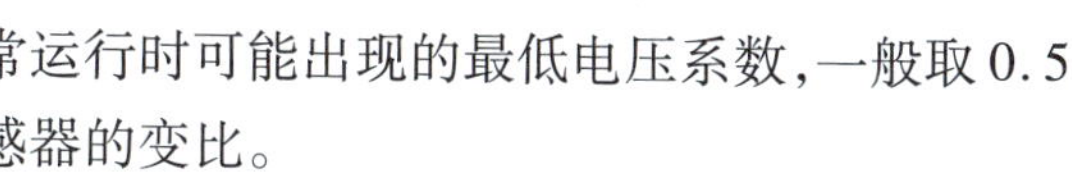

图 6-3-6　失压保护动作逻辑

7. 过电压保护

过电压保护是为了防止牵引供电系统运行电压过高危及电力电容器组的安全运行(发生绝缘损坏)而装设的保护,过电压保护动作逻辑如图 6-3-7 所示。

电容器允许在 1.1 倍额定电压下长期运行,在 1.15 倍额定电压下运行 30 min,在 1.2 倍额定电压下运行 5 min,在 1.3 倍额定电压下运行 1 min。为安全起见,过电压保护的实际整定比较保守,一般在 1.1 倍额定电压时要求延时动作于信号;在 1.2 倍额定电压时要求 5 ~ 10 s 动作于断路器跳闸。过电压保护延时跳闸是为了避免瞬时电压波动引起的误跳闸。过保护的动作电压 U_{GY}的计算公式为

$$U_{GY}=\frac{K_C U_N}{n_u}$$

式中 U_N——电容器所接入母线(电网标称)的额定电压;

K_C——电容器允许的过电压倍数;

n_u——电压互感器的变比。

并联补偿装置的过电压保护一般动作时限为 1 ~ 5 s。

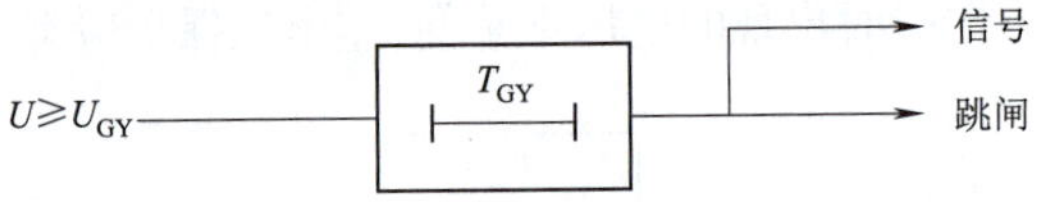

图 6-3-7　过电压保护动作逻辑图

任务实施

在牵引网中,并联电容补偿装置使用微机继电保护装置,WRZ-65 型电容器微机保护装置交流接线如图 6-3-8 所示,根据保护装置接线图,分析并联电容补偿装置的保护配置方式,总结相应的保护动作过程。

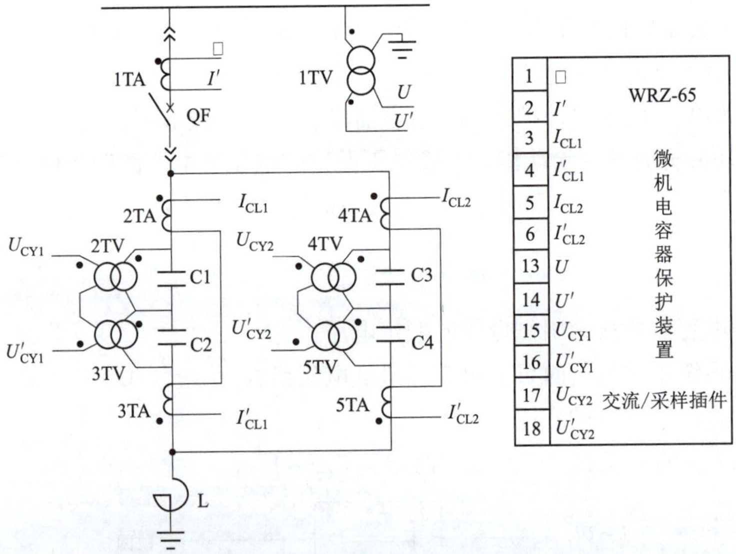

图 6-3-8　WRZ-65 型电容器微机保护装置交流接线

任务实施步骤
1. 接受任务，学习任务资讯，搜索并查阅与之相关的拓展文献资料。 2. 根据老师分配的小组，和组员一同完成任务：分析并联电容补偿装置的接线图。 3. 小组内讨论，分析并联电容补偿装置的保护配置方式并记录。 4. 小组内讨论，并总结并联电容补偿装置的动作过程。 5. 各小组之间交叉进行检查并讨论，提出意见。 6. 填写“项目评价表”：老师检查小组与个人完成的任务，提出意见并根据“项目评价”中的“评分标准”给出成绩
实施记录：
小组意见与老师意见记录：

任务四　牵引网的故障测距

任务描述

根据铁路供电系统的供电方式,本任务主要分析牵引网故障测距的必要性和测距方法,以及微机测距装置的工作原理。

任务资讯

一、故障测距的意义

随着电气化铁路运营里程在我国铁路运输中比重的日益扩大,牵引网供电线路也日益增多,牵引网的线路运行状况对铁路运营的稳定安全具有举足轻重的作用。在牵引供电系统中进行自动故障测距的意义如下:

(1)当牵引网线路上发生故障时,能够快速查找到故障点,及时排除故障,恢复正常供电,确保铁路运行的安全。

(2)提高牵引供电系统的自动化水平,减轻维护人员查找故障位置的工作强度。电气化铁路牵引网故障测距问题自从我国第一条电气化铁路宝成线宝凤段建成后,就成为广大科技工作者、铁道部相关运营维护部门及高等院校学者研究的重大课题之一。经过多年的不懈努力,我国先后自行研制出了许多新型的电气化铁路牵引网故障测距装置,并大量地投入现场运行,解决了牵引网故障测距的相关难题。

二、牵引网测距的方法

现有的故障测距方法按其工作原理大致分为阻抗分析法和行波分析法两大类。随着人工智能、模糊理论等新技术、新理论的兴起,还出现了一些智能化的故障测距方法。

1. 阻抗分析法

阻抗分析法是指在系统运行方式确定和线路参数已知的条件下,根据故障时测距装置安装处测量到的电压、电流量而计算出故障回路的阻抗,然后依据线路长度与阻抗成正比的原理,求出装置安装处到故障点的距离。阻抗分析法常见的模型如图 6-4-1 所示。

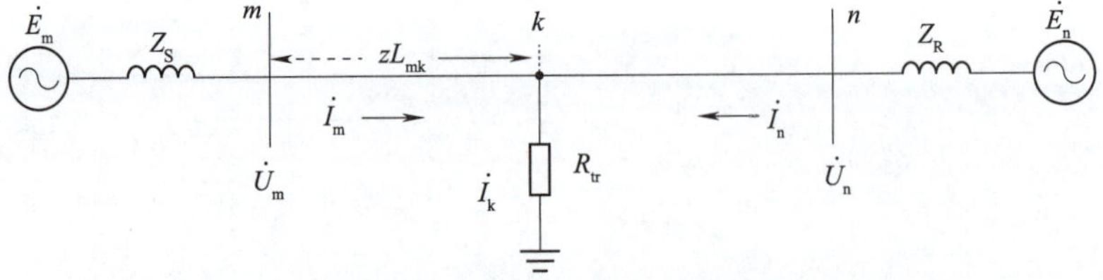

图 6-4-1　单电源单回路单相接地故障的原理示意

阻抗分析法只需根据线路的测距装置安装处的电压、电流量及线路单位阻抗参数,设 m 端为测量端,则测量阻抗表示为

$$Z_{m}=\frac{\dot{U}_{m}}{\dot{I}_{m}}=zL_{mk}+\frac{\dot{I}_{k}}{\dot{I}_{m}}R_{tr}=zL_{mk}+\Delta Z$$

式中 z——牵引网单位长度的阻抗,一般取0.4 Ω/m;

L_{mk}——为 m 端到故障点的原距离,km;

$\dot{U}_{m}$——测量端 m 处的电压,V;

$\dot{I}_{m}$——测量端 m 处的电流,A;

R_{tr}——故障点的过渡电阻,Ω;

ΔZ——测量误差;

$\dot{I}_{k}$——故障点的短路电流,A。

测距误差不仅与过渡电阻R_{tr}的大小有关,而且受故障电流 $\dot{I}_{k}$与测量点电流 $\dot{I}_{m}$的矢量比的影响。过渡电阻能够带来测距误差,所以需要消除过渡电阻的影响。

2. 行波法

行波法是根据行波传输理论实现对故障线路测距的方法。在系统故障发生后,在故障点产生向两端传送的暂态行波,暂态行波在传播过程中遇到不均匀介质时,发生反射和透射,利用波头之间的时间差来完成故障定位。

3. 智能化的故障测距方法

随着边缘学科、交叉学科的日益兴起,为探索新测距算法提出了一些新思路,许多专家学者相继将相关学科的理论成果引入了故障定位装置的研究中,提出了许多新颖实用的测距方法,如优化方法、卡尔曼滤波技术、模式识别技术、概率统计决策方法、模糊理论和神经网络方法。由于在以上各种方法中引入了一些智能化的模式,因此人们将这些算法统称为智能化定位方法。智能化的新方法在一定的程度上丰富了故障定位研究的方法,开拓了人们研究故障定位的视野,但是这些方法大部分还处于理论探讨研究阶段,还没有形成完整的理论体系,有许多新问题需要进一步研究解决;而且也没有批量的产品投入现场使用,有待于广大科技工作者继续努力,不断探索充实。

三、微机故障测距装置

铁路微机故障测距装置适应于单线及复线电气化铁路BT(吸流变压器)、直接供电方式的牵引变电所27.5 kV牵引馈线,安装于牵引网线路的单侧,具有故障测距、故障录波等功能。牵引网供电系统正常运行时,故障测距装置实时监测母线电压、馈线输出电流、系统运行频率、系统输出功率、功率因数等基本电量,并通过远动通道或以太网将其传送到远方的调度所。当系统发生故障时,故障测距装置自行启动,先将故障前后数据可靠存储,同时启动故障测距程序进行故障定位,输出故障距离,形成并打印故障报表,并根据需要将带有故障时标的录波数据发送到调度所。

1. 微机故障测距装置的主要功能及技术指标

(1)多回路测量功能。故障测距装置可同时监视双回路母线电压、8回路馈线电流、24路开关输入量和24路开关输出量,可与相应的保护装置形成完善的装置辅助启动条件。

(2)实时监测功能。牵引网供电系统正常运行时,装置实时监测基本电量,循环显示母线电压、馈线电流、系统频率、系统功率和线路工作状态。

(3)联锁启动功能。装置的多种启动条件相结合,有效地防止了在重负荷、机车变压器涌流、再生制动电流等情况下的误动作。

(4)故障报表功能。故障后装置自动输出故障报表,报表的内容包括故障发生的时间、故障前后连续 10 个周波母线电压有效值、故障前后连续 10 个周波馈线电流、故障线路标号、故障距离及各通道的故障波形。此外,还可手动或远方召唤打印定值和最近 10 次事件顺序记录及不正常状态记录。

(5)录波与谐波分析功能。正常负荷运行状态下,可通过手动或远方控制进行连续 4 个周波的波形记录,同时进行 2 ~9 次谐波分析;故障发生时,连续记录故障前后 10 个周波的数据。若同时进行录波时,故障录波优先。

(6)自恢复功能。即自动重复启动和程序自恢复功能,装置带有硬件看门狗电路和软件计时复位功能,可有效地防止硬件出错或软件死循环,具有较强的抗干扰能力。

(7)自检功能。定时自动检验 I/O 端口、片内 SRAM、片外 NVRAM、A/D 转换器、EEPROM 等,若出现问题及时发出报警信号。

(8)通信功能。既可以通过硬接口与 RTU 进行并行通信,也可以通过 RS-422、MODEN、以太网接口进行远方数据通信。

2. 微机故障测距装置的结构及基本原理

牵引网故障测距装置是基于 DSP 技术的一种多功能定位装置,各功能通过硬件与软件的有机配合而实现。母线电压和馈线电流信号均取自一次侧的电压互感器和电流互感器,写过电压和电流变送器变换与隔离传送至数据采集单元,16 位的 A/D 转换器将模拟信号转换成数字信号送到主 CPU 处理单元(DSP 单元),DSP 单元主要进行数据分析与处理,完成故障定位与系统实时监测功能,同时将故障信息通过远动通道传送到远方的调度所。

(1)故障定位系统的硬件组成

牵引网故障测距装置的硬件组成如图 6-4-2 所示,主要由二次变换器单元、数据采集单元(A/D 转换器)、数据分析与处理单元(DSP),人机接口单元(MMI 模块)、开关量输入/输出单元、微型打印机等主要部分组成。

(2)二次变换器(二次电流互感和电压互感器)

二次电压和电流变换器单元主要是将牵引供电系统一次侧传送来的高电压大电流变换成微机测控系统能进行采集和测量的低电压信号,然后传送给数据采集单元和微处理器(DSP 单元)进行数据的采集、分析和处理。因此,二次变换器中电流互感器(TA)和电压互感器(TV)的变换精度直接影响故障测距的精确度。

(3)数据采集单元

数据采集单元为 32 路同步数据采集系统,采用同时采样分时转换的方式,其中 A/D 转换芯片采用了分辨率为 16 位、转换率为 500 ksps 的 LTC1608 芯片。数据采样时,模拟信号首先经过一阶 RC 低通滤波器及采样保持器,再经多路模拟开关和运放比例衰减,传送到数据缓存区。数据转换时用 DSP 内部定时器定时触发信号启动 32 路采样通道同时采样,由软件以最高速率对设定回路数进行扫描,分时段进行转换(即查询方式)或采用中断方式在

A/D 转换结束时响应中断,通过设定通道选择寄存器逐次采样多路模拟量值。

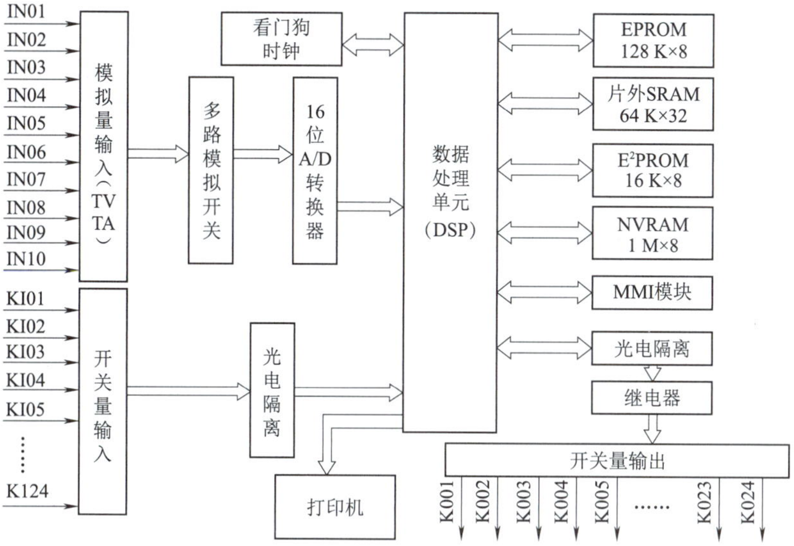

图 6-4-2 故障测距装置的硬件组成

(4)数据处理单元

数据处理单元可连续记录故障前 4 个周波,故障后 6 个周波;装置初始值固化在板内的 EEPROM,可在线进行修改,方便程序调试。

(5)人机接口(MMI 模块)单元

人机接口单元是一个富于人性化的智能终端,是牵引网故障测距装置、操作者和远方调度所进行信息交换的重要环节。操作者或调度所一方面可以通过 MMI 方便地对装置进行一些操作,另一方面能根据 MMI 模块的提示信息快速地对牵引网供电系统的运行状态进行判断。人机接口单元的硬件组成如图 6-4-3 所示。

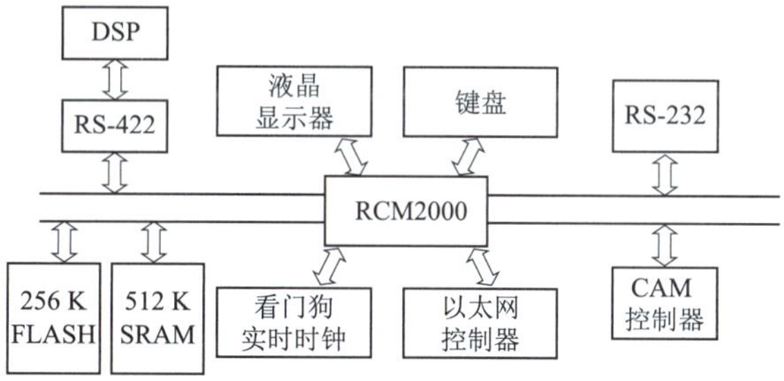

图 6-4-3 MMI 硬件组成

MMI 模块的主要功能有液晶显示、键盘响应和通信处理。液晶显示为中文图形模式,在系统正常运行时循环显示母线电压有效值、各馈线电流有效值、系统功率、系统频率、各开关量信息及保护装置的状态等;在发生故障时,显示故障时间、故障距离、装置设定定值、装置启动原因等。键盘响应主要用于响应前面板键盘操作,用于完成装置参数设定、特殊操作指令发送。通信处理主要是用于数据的传送,一方面将远方调度所下送数据传给 DSP,完成相应的操作,另一方面返回 DSP 传送给远方调度所的数据,同时接收液晶显示所需要的相关信息。

3. 微机故障测距装置的故障启动与闭锁原理

微机故障测距装置采用多种启动条件相结合，防止在重负荷、机车变压器涌流、再生制动电流等情况下的误动作，其常见的启动方式如下：

（1）母线电压越限启动。牵引母线电压反映了牵引网线路电压的波动情况。当母线电压大于设定的母线高电压越限定值或小于设定的母线低电压越限定值，且越限持续时间大于预定的屏蔽时间时，启动故障测距装置录波。

（2）馈线电流越限启动。对于牵引网的接地故障来说，其实质是两相接地故障，因此在故障发生时，馈线电流会明显地升高。若馈线电流大于设定的电流越限定值，且持续时间大于预定的屏蔽时间，启动故障测距装置录波。

（3）母线电压突变启动。牵引网供电系统正常运行时，母线电压是比较稳定的，在一个工频周期这样短的时间内不会突然变化很大。但是，当系统发生故障时，母线电压往往会在很短的时间内发生突变，因此可根据电压突变量来判断系统的工作状态，启动故障测距装置录波。

（4）馈线电流突变启动。馈线电流与母线电压一样，在系统正常运行状态下不会发生突变，但是一旦发生故障，馈线电流会发生较大的突变，因此也可根据电流突变量来进行系统状态的判断，启动故障测距装置录波。

（5）开关量变位启动。装置可与馈线保护装置或其他自动化装置配合使用。当馈线保护装置或其他自动化装置动作，可通过其开关量变位来启动装置录波。

（6）手动启动。为了方便操作者随时了解牵引网供电系统的运行状态，可设置手动按钮启动录波。此外，手动启动也有利于装置调试。

（7）远方启动。远方调度所或调度中心可通过远动通道或以太网启动装置录波，以了解供电系统的运行状态。

（8）装置闭锁。在电气化铁路牵引供电系统中，当电力牵引机车通过分相绝缘器时，机车变压器空载合闸可能产生很大的励磁涌流，将有可能造成电流量发生很大的突变，从而使装置发生误启动。但经过对变压器涌流波形的大量研究发现，变压器涌流中含有大量的二次谐波分量，因此可采用二次谐波含量超过预先设定值进行涌流识别，从而躲过涌流的影响，防止装置误动作。

任务实施

在我国，铁路供电系统的供电方式有直接供电方式、BT 供电方式和 AT 供电方式，在不同供电方式下发生故障时，应该采取不同的故障测距方式，才能够为接下来的故障定位与处理奠定良好的基础，从而保证供电可靠性。根据故障测距的原理与常用方式，针对不同的供电方式设计相应的故障测距方案。

任务实施步骤
1. 接受任务,学习任务资讯,搜索并查阅与之相关的拓展文献资料。 2. 根据老师分配的小组,和组员一同完成任务:分析直接供电方式、BT 供电方式和 AT 供电方式的特点。 3. 小组内讨论,根据不同的供电方式,选择其相应的故障测距方案。 4. 各小组之间交叉进行检查并讨论,提出意见。 5. 填写"项目评价表":老师检查小组与个人完成的任务,提出意见并根据"项目评价"中的"评分标准"给出成绩
实施记录:
小组意见与老师意见记录:

项目评价

任务	任务内容	配分	评分标准	得分
任务一	牵引网的距离保护	30	1. 牵引网的距离保护中线路整定阻抗计算错误,扣10分; 2. 牵引网的负荷整定阻抗计算错误,扣10分; 3. 分析四边形特性方向阻抗继电器的优缺点错误,扣10分	
任务二	牵引网的电流增量保护	30	1. 分析三段式反时限电流保护的工作过程错误,扣15分; 2. 叙述阶梯时限特性错误,扣15分	
任务三	并联电容补偿装置的保护	20	1. 并联电容补偿装置的保护配置方式错误,扣10分; 2. 总结保护动作过程错误,扣10分	
任务四	牵引网的故障测距	20	1. 不同供电方式的特点叙述错误,扣10分; 2. 故障测距方案设计错误,扣10分	
学号			总分	

思考与练习

1. 简述交流牵引网的特点。
2. 简述四边形特性方向阻抗继电器的优点以及整定方式。
3. 简述自适应距离保护的原理。
4. 简述电流增量保护的原理和优缺点。
5. 简述并联电容补偿装置的保护配置。
6. 简述故障测距装置的工作原理。
7. 简述故障测距装置的启动条件。

项目七

微机继电保护装置

素养园地

智能高速铁路使出行更安全便捷

近年来，我国高速铁路建设继续保持高速度高质量，为进一步提升运营能力、完善网络布局奠定了基础，在京张高速铁路开拓的智能化道路上稳步推进，我国智能高速铁路建设驶上快车道。

智能铁路最新科技成果在各大高速铁路项目建设上实现了集成化应用。BIM + GIS 高速铁路智能网优系统，以及四电设备建维一体化 GIS 系统管理平台等得到综合应用，有力提升了智能建造水平。

有智能大脑指挥。福厦高速铁路全线全专业采用 BIM 建模技术，将云计算、大数据、人工智能等新一代信息技术与高速铁路不同业务领域的专业工程技术集成融合。不仅实现了对施工参数、过程监测、地质预测等全过程可视化动态管理，还具有信息完备性、信息关联性、信息一致性。

有大国重器保驾。在风高浪急的湄洲湾海域，我国目前科技含量最高、功能最多、应用场景最广泛的千吨级高速铁路箱梁运架一体机“昆仑号”在福厦高速铁路湄洲湾跨海大桥的施工现场实现了完美“首秀”，重达 1 000 t 的箱梁如搭积木一般精准落在桥梁间。“昆仑号”是目前我国功能最全的高速铁路桥梁提运架设备，实现了我国高速铁路建设技术水平的提升。

有先进工艺支撑。贵南高速铁路接触网全线采用了吊弦载流环应力释放工艺，消除了吊弦载流环的抗弯应力，减少了载流环的弹性张力，提升了工作效率、降低了维护成本，能够更好保障高速铁路列车和旅客的安全。

自 2023 年以来，我国加快推进智能高速铁路 2.0 版科技攻关等项目，铁路数字化智能化应用取得积极进展。随着科技创新各项工作的不断推进，智能铁路建设还将迎来更大的发展。

感想领悟：

学习目标

1. 能力目标

(1)能准确说明微机保护装置的硬件构成。

(2)能正确说明微机保护装置的软件构成。

(3)能够对微机继电保护测试仪进行接线与调试。

(4)能正确对牵引网、牵引变压器等装置进行微机保护配置。

2. 知识目标

(1)掌握微机保护硬件部分的作用。

(2)了解微机保护装置软件部分的常用算法。

(3)掌握铁路供电系统的微机保护应用特点与功能。

3. 素质目标

(1)具有热爱祖国、服务人民的家国情怀。

(2)具有科技报国、安全保电的使命担当。

(3)具有积极向上的合作精神与团队意识。

随着计算机技术及网络技术的迅速发展,微机继电保护由于具有比传统继电保护装置更显著的优势,在电力系统中得到了广泛的应用。在铁路供电系统中的牵引网馈线、牵引变压器、并联电容器补偿装置均采用了微机保护装置。微机保护具有完善的网络通信能力,可以灵活地适应供电方式的变化。

任务一　微机继电保护的硬件结构

任务描述

本任务主要分析微机保护装置的硬件结构组成,并对微机保护测试仪进行接线、调试和保护配置。

任务资讯

一套微机保护装置由硬件系统和软件系统两大部分组成。硬件系统是构成微机保护的基础,软件系统是微机保护的核心。图 7-1-1 表示了微机保护的硬件构成,它由下述几部分构成。

(1)微机主系统。它是以中央处理器(CPU)为核心,专门设计的一套微型计算机,完成数字信号的处理工作。

(2)数据采集系统。完成对模拟信号进行测量并转换成数字量的工作。

(3)开关量输入输出系统。完成对输入开关量的采集和驱动小型继电器发跳闸命令和信号的工作。

(4)外部通信接口。

(5)人机对话接口。完成人机对话工作。

(6)电源。把变电站的直流电压转换成微机保护需要的稳定的直流电压。

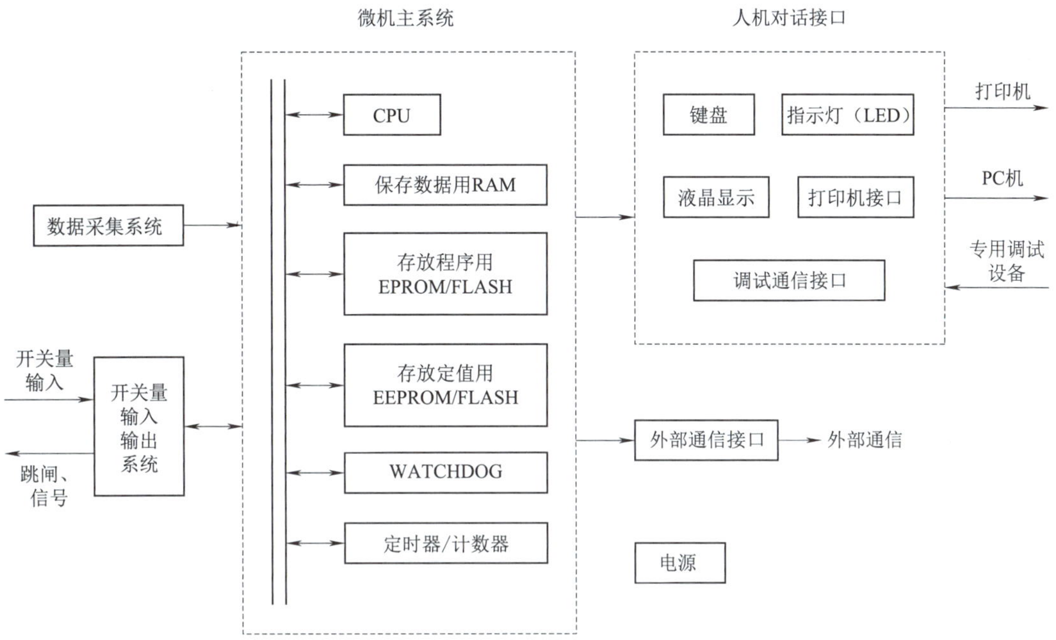

图 7-1-1　微机保护硬件构成

一、微机主系统

微机保护装置的核心是单片机，它是由单片机和扩展芯片构成的一台小型工业控制微机系统，除了硬件之外，还有存储器里的软件系统。这些硬件和软件构成的整个单片微机系统，其主要任务是完成数值测量、逻辑运算及控制和记录等智能任务。除此之外，现代的微机保护还具备各种远程通信能力，可以发送保护信息并上传给变电站微机监控系统，接收集控站、调度所的控制和管理信息。单片微机系统可以采用单 CPU 和多 CPU 系统。

1. 单 CPU 系统

该微机主系统包括中央处理器（CPU），只读存储器（ROM）、电擦除可编程只读存储器（EPROM）、随机存取存储器（RAM）、定时器等。CPU 主要执行控制和运算功能。EPROM 主要存储编写的程序，包括监控、继电保护功能程序等。随机存取存储器 RAM 存放保护定值。保护定值的设定或修改可通过面板上的小键盘来实现。其中 CPU 有几种系列，例如 Intel 公司的 80X86 系列，Motorol 公司的 MC683XX 系列。32 位的 CPU，例如 MC68332，具有极高的性能，在 RCS900 系列的主设备保护装置中得到了应用。16 位的 CPU，如 Intel 公司的 80296，在 RCS900 型的线路、主设备保护中得到了应用。

数据采集系统采集的信息输入到 RAM 区，作为原始数据进行分析处理。RAM 是采样数据及运算过程中数据的暂存器，协助 CPU 完成各种继电保护的功能。

定时器用来计数、产生采样脉冲和实时钟等。而微机主系统中的小键盘、液晶显示器和打印机等常用设备用于实现人机对话。

2. 多 CPU 系统

为了提高保护装置的容错水平，保护装置的主保护和后备保护都应采用相互独立的微机保护系统,即多CPU系统。其中包括距离保护、电流保护、零序电流保护,以及自动重合闸等,各部分独立设计微处理器CPU。这样任何一个保护的CPU或芯片损坏均不影响其他保护。各保护的CPU总线均不引出,输入及输出回路均经光电隔离处理,将故障定位到插件或芯片,从而大大地提高了保护装置运行的可靠性。

3. 第三代微机保护装置

微机保护装置中采用先进的数字信号处理(DSP)技术是一个新发展方向。DSP将很多器件,包括一定容量的存储器都集成在一个芯片中,所以外围电路很少。因而这种数字信号处理器的突出特点是运算速度快、可靠性高、功耗低。它执行一条指令只需数十纳秒(ns),而且在指令中能直接提供数字信号处理的相关算法,因此特别适于构成工作量较大、性能要求高的微机保护。在RCS900型的线路、主设备保护中,保护的计算工作都是由DSP来完成的,使用的芯片是AD公司的DSP-2181。

4. 存储器

存储器用来保存程序、定值、采样值和运算中的中间数据。存储器的存储容量和访问时间将影响保护的性能。在微机保护中根据任务的不同采用的存储器有下述三种类型。

(1)随机存储器(RAM)

在RAM中的数据可以快速地读、写,但在失去直流电源时数据会丢失,所以不能存放程序和定值,只用以暂存需要快速进行交换的临时数据,例如运算中的中间数据、经过A/D转换后的采样数据等。现在有一种非易失性随机存储器(NVRAM),它既可以高速地读/写,失电后也不会丢失数据,在RCS900保护中用于存放故障录波数据。

(2)只读存储器(ROM)

ROM使用一种紫外线可擦除、电可编程的只读存储器——EPROM。EPROM中的数据可以高速读取,在失电后也不会丢失,所以适用于存放程序等一些固定不变的数据。要改写EPROM中的程序时先要将该芯片放在专用的紫外线擦除器中,经紫外线照射一段时间,擦除原有的数据后,再用专用的写入器(编程器)写入新的程序。所以,存放在EPROM中的程序在保护装置正常使用中不会被改写,安全性高。

(3)电可擦除且可编程的只读存储器(EEPROM)

EEPROM中的数据可以高速读取,且在失电后也不会丢失,同时不需要专用设备即可在使用中在线改写。因此,在保护装置中EEPROM适宜于存放定值,既无须担心在失电后定值丢失,必要时又可方便地改写定值。由于它可以在线改写数据,所以它的安全性不如EPROM。此外,EEPROM写入数据的速度较慢,所以也不宜代替RAM存放需要快速交换的临时数据。还有一种与EEPROM有类似功能的器件称作快闪(快擦写)存储器(flash memory),它的存储容量更大,读/写更方便。在RCS900型的保护中使用快闪存储器存放程序,在软件中采取措施确保在运行中程序不会被擦写。

二、数据采集系统

数据采集系统主要完成对模拟量的采集,将模拟输入量转换为数字量的功能。模拟量采道的任务是把电力系统运行过程中的参数,如电压、电流、功率、温度、压力等模拟量信号,转换为计算机可以处理的数字量信号。

如图 7-1-2 所示,数据采集系统主要包括:电压形成回路、低通滤波器(LPF)、采样保持器(S/H)、多路转换开关(MPX),以及模数转换(A/D)功能块,每一路模拟量都设置一个采样保持器。

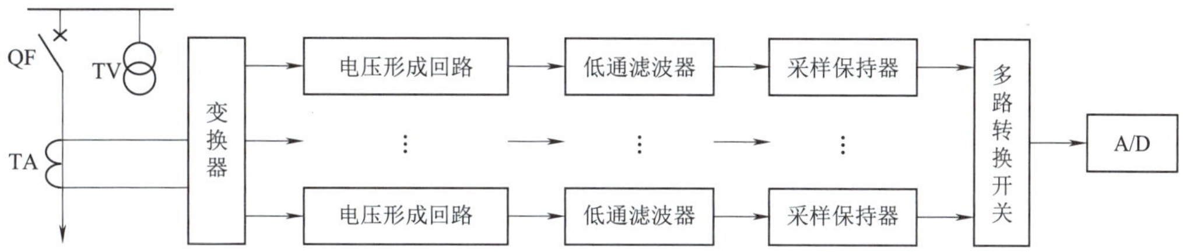

图 7-1-2 模拟量输入系统结构

1. 电压形成回路

电流、电压互感器获取的被保护电力线路的电流、电压信号需要进一步变换为 +5 V 或 +10 V 范围的低电压信号,输送到微机保护的模数转换芯片使用。其信号变换回路有:

(1)输入电压的电压形成回路

把电压互感器输出的二次电压变换成最大 +5 V 模拟电压信号,变换回路采用电压变换器实现。

(2)输入电流的电压形成回路

把电流互感器输出的二次电流变换成最大 +5 V 模拟电压信号,变换回路采用电流变换器或电抗变换器来实现。

2. 低通滤波器

电力系统初发生短路故障时,往往含有大量的高次谐波,因此需采用低通滤波器将高频成分滤去,以免干扰微机保护装置的正常工作。

3. 采样保持器

微机保护有多路输入信号,如三相电流、三相电压等。由于 A/D 转换器在进行 A/D 转换时需要一定的时间,如果输入信号变化较快,就会引起较大的转换误差,因此需采用采样保持器(sample hold),其作用是采样输入电压在某一时刻的瞬时值,并在 A/D 转换期间保持不变,从而保证 A/D 转换的精度。如图 7-1-3(a)所示的采样保持电路主要由模拟开关 AS、储能元件C_h和两个阻抗变化器组成。模拟开关 AS 受逻辑输入端的电平控制,该逻辑输入就是采样脉冲信号。

(1)采样的基本原理

在输入为高电平时 AS 闭合,此时电路处于采样状态。电容C_h迅速充电或放电到 u_{sr}在采样时刻的电压值。电子模拟开关 AS 每隔 T(s)闭合一次,将输入信号接通,实现一次采样。如果开关每次闭合的时间为 T(s),则输出将是一串重复周期为 T、宽度为 T_0的脉冲,而脉冲的幅度则重复着 T_0时间内的信号幅度。AS 闭合时间应满足使C_h有足够的充电或放电时间,即采样时间。显然,采样时间越短越好。而应用阻抗变化器 I 的原因是,它在输入端呈现高阻抗,对输入回路的影响小,而输出阻抗很低,使充放电回路的时间常数很小,保证C_h上的电压能迅速跟踪到在采样时间的瞬时值 u_{sr}。

电子模拟开关 AS 打开时，电容器C_h上保持住 AS 打开瞬间的电压，电路处于保持状态。为了提高保持能力，电路中应用了另一个阻抗变换器Ⅱ，它在C_h侧呈现高阻抗，使C_h对应的充放电回路的时间常数很大，而输出阻抗（U_g 侧）很低，以增强带负载能力。阻抗变换器Ⅰ和Ⅱ可由运算放大器构成。

采样保持的过程如图 7-1-3（b）所示。T_c称为采样脉冲宽度，T_s称为采样间隔（或称采样周期）。等间隔的采样脉冲由微机控制内部的定时器产生，如图 7-1-3（b）中的“采样脉冲”，用于对“信号”进行定时采样，从而得到输入信号在采样时刻的信息，即图 7-1-3（b）中的“采样信号”。随后，在一定时间内保持采样信号处于不变的状态，如图 7-1-3（b）中的“采样和保持信号”。因此，在保持阶段，在任何时刻进行模数转换，其转换的结果都反映了采样时刻的信息。

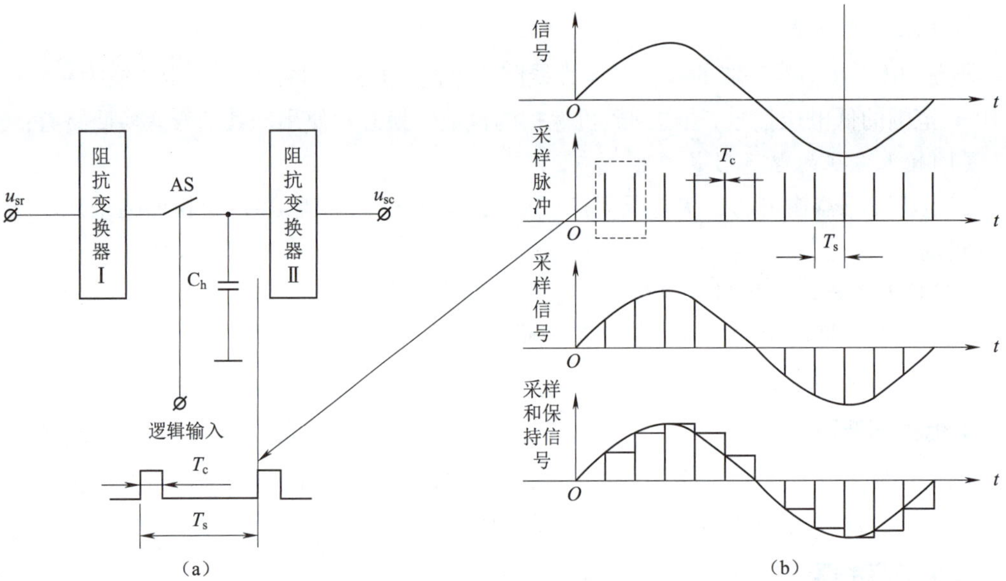

图 7-1-3　采样保持电路工作原理图及其采样保持过程示意

（2）采样频率的选择

采样间隔T_s的倒数称为采样频率f_s。采样频率的选择是微机保护硬件设计中的一个关键问题，为此要综合考虑很多因素，并要从中做出权衡。采样频率越高，要求 CPU 的运行速度越高。微机保护是一个实时系统，数据采集系统以采样频率不断地向微机输入数据，微机必须要来得及在两个相邻采样间隔时间T_s内处理完对每一组采样值所必须做的各种操作和运算，否则 CPU 跟不上实时节拍而无法工作。相反，采样频率过低，将不能真实地反映采样信号的情况。由采样定理（又称为香农定理）可以证明，采样频率f_s 必须大于被采样信号中所含最高频率成分的频率f_{max}的 2 倍（即$f_s > 2f_{max}$），否则将造成频率混叠。

4. 多路转换开关

多路转换开关又称为多路转换器，它是将多个采样保持后的信号逐一与 A/D 芯片接通的控制电路。它一般有多个输入端、一个输出端和几个控制信号端。在实际的数据采集系统中，被模数转换的模拟量可能是几路或者十几路，利用多路开关（MUX）轮流切换各被测量与 A/D 转换电路的通路,可达到分时转换的目的。在微机保护中,各个通道的模拟电压是在同一瞬时采样并保持记忆的,在保持期间各路被采样的模拟电压被依次取出并进行模数转换,但微机所得到的仍可认为是同一时刻的信息(忽略保持期间的极小衰减),这样按保护算法由微机计算得出正确结果。

5. A/D 转换器

A/D 转换器的作用是将模拟量转换为数字量。根据其工作原理不同,A/D 转换器分为逐位逼近型、双积分型、电压/频率型等。

三、开关量输入输出系统

微机保护有很多开关量(接点)的输入(开关量输入简称开入量),例如有些保护的投退接点、重合闸方式接点、跳闸位置继电器接点、收信机的收信接点、断路器的合闸压力闭锁接点以及对时接点等等。微机保护也有很多开关量(接点)的输出(开关量输出简称开出量),例如跳合闸接点、中央信号接点、收发信机的发信接点以及遥信接点等等。其中有些开关量是经过很长的电缆才引到保护装置的,因而也给保护引入了很多干扰。为了不使这些干扰影响微机系统的工作,在微机系统与外界所有接点之间都要经过光电耦合器件进行光电隔离。由于微机系统与外部接点之间经过了电信号→光信号→电信号的光电转换,两者之间没有直接的电与磁的联系,从而保护了微机系统免受外界干扰影响。

1. 开关量输入系统

图 7-1-4 为开关量的输入系统示意。当外部接点闭合时,光电耦合器的二极管内流过驱动电流,二极管发出的光使三极管导通,因此输出低电平。当外部接点断开时,光电耦合器的二极管内不流过驱动电流,二极管不发光,三极管截止,因此输出高电平。微机系统只要测量输出电平的高低就可以得知外部开关量的状态。开入专用电源一般使用装置内电源输出的 24 V 直流电源。对于某些距离远的接点必要时也可用变电站的 220 V/110 V 直流电源,装置提供强电的光电耦合电路。

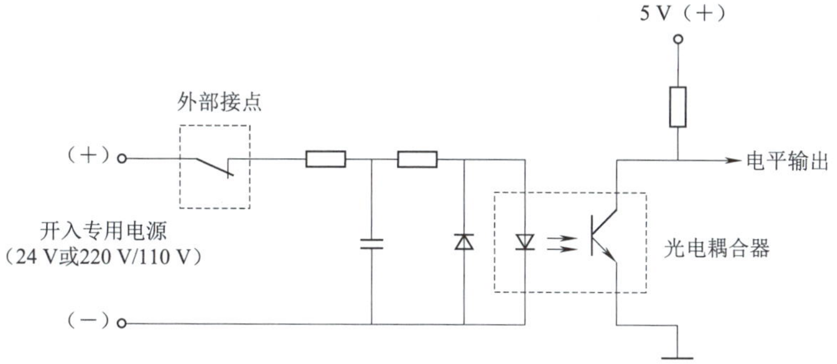

图 7-1-4 开关量输入系统示意

2. 开关量输出系统

图 7-1-5 为开关量的输出系统示意。当保护装置欲使输出开关量接点闭合时,只要在控制端输入一个低电平,使光电耦合器的二极管内流过驱动电流,二极管发出的光使三极管导通,从而使继电器 J 动作,其闭合的接点作为开关量输出。

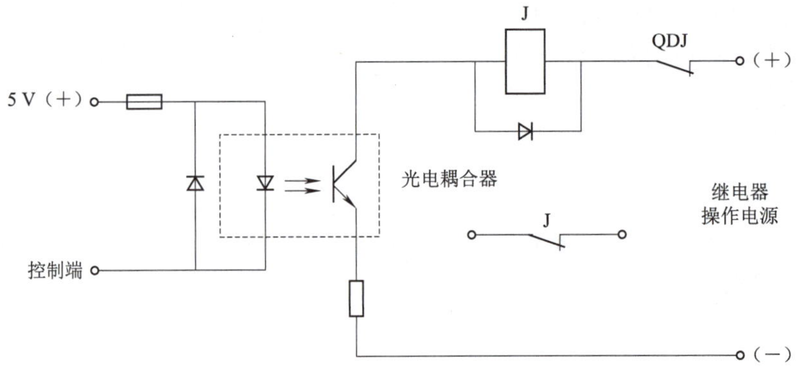

图 7-1-5　开关量输出系统示意

任务实施

AD331 是由单片机控制的继电保护测试仪，可以用于交、直流继电器动作值、返回值、动作时间的测试，以及用于微机线路保护的方向过流、复压闭锁过流、零序过流等保护测试。使用 AD331 继电保护测试仪进行继电保护功能测试，并用手控测试的方法设置相关参数。

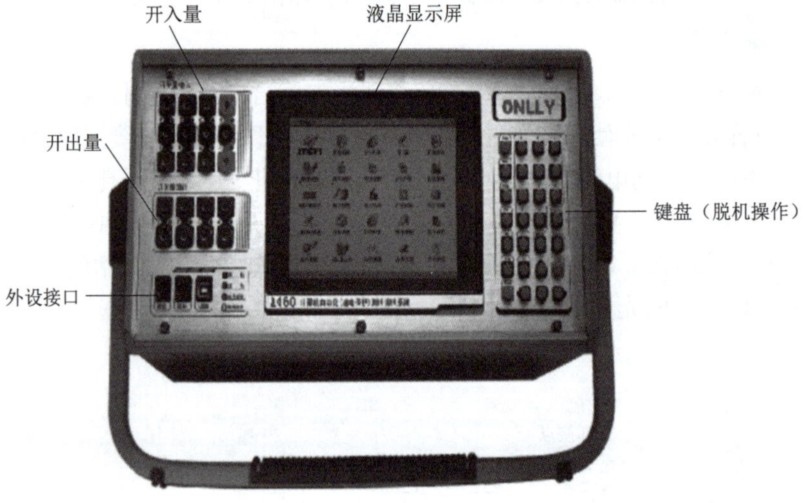

图 7-1-6　AD331 继电保护测试仪面板

任务实施步骤
1. 接受任务，学习任务资讯，搜索并查阅与之相关的拓展文献资料。 2. 根据老师分配的小组，和组员一同完成任务：给测试仪上电，分组进入主菜单。 3. 小组内进行测试仪操作，设置交流输出电压，写出进入路径和设置步骤。按下“Start”快捷键，用万用表验证交流输出电压是否为设定值。 4. 各小组之间交叉进行检查并讨论，提出意见。 5. 填写“项目评价表”：老师检查小组与个人完成的任务，提出意见并根据“项目评价”中的“评分标准”给出成绩
实施记录：
小组意见与老师意见记录：

任务二 微机继电保护的软件构成

任务描述

本任务主要分析微机保护装置的软件构成及各自作用，并进行继电保护测试仪对电压继电器和电流继电器的动作值和返回值的测量。

任务资讯

微机保护的硬件分为人机接口和保护接口两大部分，与之相对应的软件也分为接口软件和保护软件两大部分。

一、接口软件

接口软件是指人机接口部分的软件，其程序分为监控程序和运行程序。

（1）监控程序主要是键盘命令处理程序，是为接口插件及各 CPU 保护插件进行调节和整定而设置的程序。

（2）运行程序由主程序和定时中断服务程序构成。

①主程序的任务是完成巡检、键盘扫描和处理故障信息的排序和打印。

②定时中断服务程序包括软件时钟程序，以硬件时钟控制并同步各 CPU 插件的软时钟，以及检测各 CPU 插件启动元件是否动作的检测启动程序。

二、保护软件

保护软件为主程序和两个中断服务程序。主程序包括初始化和自检测循环模块，保护逻辑判断模块及跳闸处理模块。中断服务程序有定时采样中断服务程序和串行口通信中断服务程序。

1. 主程序

主程序包括初始化，全面自检、开放及等待中断等。

给保护装置上电或按复归按钮后，进入图 7-2-1 所示的上方的程序入口，首先进行必要的初始化（初始化一），如堆栈寄存器赋值、控制口的初始化、查询面板上开关的位置（如在调试位置则进入监控程序，否则进入运行状态）。然后，进行 CPU 开始运行状态所需的各种准备工作（初始化二）。首先是往并行控制口写数，让所有继电器处于正常位置。然后，询问面板上定值切换开关的位置，按照定值套号从 EEPROM 中取出定值，放至规定的定值 RAM 区。准备好定值后，CPU 将对装置各部分进行全面自检，在确认一切良好后才允许数据采集系统开始工作。完成采样系统初始化后，开放采样定时器中断和串行口中断，等待中断发生后转入中断服务程序。若中断时刻未到，就进入循环状态（故障处理程序结束后也经整组复归后进入此循环状态）。它不断进行循环自检及专用自检项目。如果保护有动作或自检报告，则向管理 CPU 发送报告。全面自检包括：RAM 区读写检查，EPROM 中程序和 EEPROM 中定值求和检查，开出量回路检查等。通用自检包括：定值选择拨轮的监视和开入量的监视等。专用自检项目依不同的被保护元件或不同保护原理而设置，例如超高压线路保护的静稳判定、高频通道检查等。

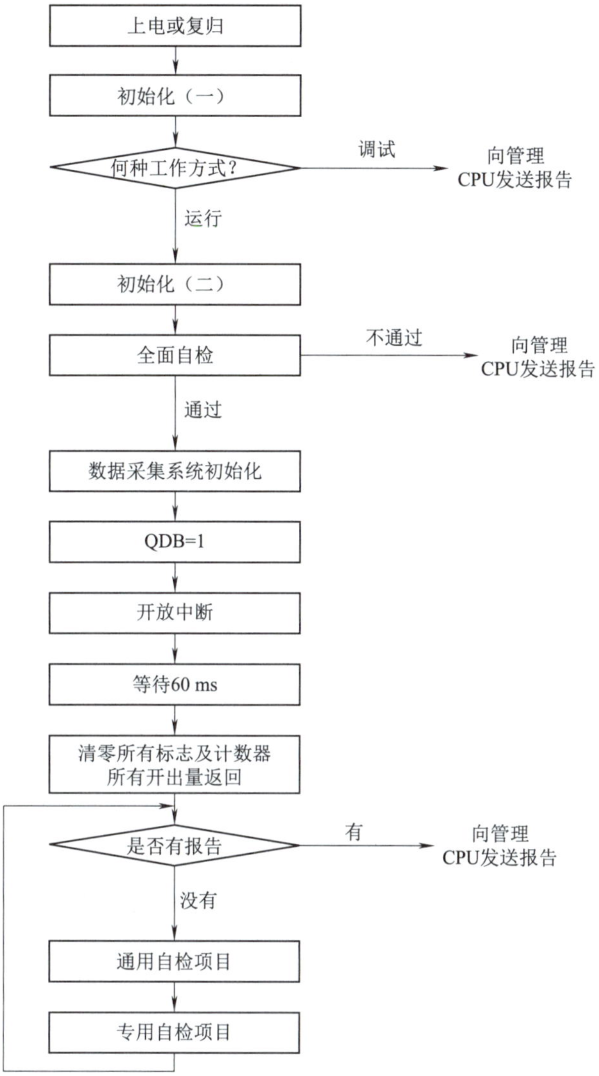

图 7-2-1　主程序框图

2. 中断服务程序

绝大多数的工程计算机的应用软件都采用了中断技术，特别是实时性要求较强的系统，更离不开中断的工作方式。继电器保护系统是一种对时间要求很高的实时系统，一方面要求实时地采集各种输入信号，随时跟踪系统运行工况；另一方面，在电力系统短路时，应快速判别短路的位置或区域，尽快切除短路故障。实时系统是对具有苛刻时间条件的活动及外来信息要求以足够快的速度进行处理，而将低一级的操作任务中断。

保护要求对外来事件做出及时反应，就要求保护中断自己正在执行的程序，而转去执行服务于外来事件的操作任务和程序。另外，系统的各种操作的优先等级是不同的，高一级的优先操作应先得到处理，而将低一级的操作任务中断。

保护装置应随时接受工作人员利用人机对话方式对保护工作进行干预(即改变保护装置的工作状态、查询系统运行参数、调试保护装置)。

对保护的高层次干预是系统机与保护的通信要求,这种通信要求常用主从式串行口通信实现。当主机对保护装置有通信要求时,或者接口 CPU 对保护 CPU 提出巡检要求时,保护串行通信口提出中断请求,在中断响应时,转去执行串行口通信的中断服务程序。

3. 程序流程的基本结构

微机保护的流程图能够比较直观、形象、清楚地反映保护的工作过程和逻辑关系。微机保护的程序结构可以有很多种不同的构成方案,如任务型、多线程型等。

各种不同功能、不同原理的微机保护,其主要的区别体现在软件上,因此将算法与程序结合,并合理安排程序结构就能实现不同的保护功能。不论何种原理和功能的保护,微机保护装置的硬件原理基本相同,在介绍或学习程序流程图时,几乎不用对照硬件的详细电路图。当然,熟悉模拟型保护的逻辑和工作过程必将有助于设计或阅读微机保护的程序流程。

程序流程可以大致分为粗略流程和详细流程。通过详细流程能够具体地了解工作过程和逻辑关系的细节,便于进行事故分析;通过粗略流程易于理解总体的逻辑配合和工作过程。把粗略流程中的模块再画出详细的工作流程,就可以得到更详细的流程。

微机保护的程序结构与微机的运行速度、功能的构成等诸多因素有较大的关系,可以有多种多样的实现方案。在微机保护中,定时中断通常是最主要的中断方式。下面以其为例来介绍三种典型的流程结构。在每次执行定时中断服务程序的过程中,可能会因为运行条件的不一样,引起执行的时间有长有短,但是必须保证最长的定时中断服务程序所执行的时间小于采样间隔时间T_s,并保留一定的时间裕度。否则,将造成微机还没有从中断返回时,又出现一次中断,从而导致微机工作紊乱,无法正常工作。

(1)顺序结构

在图 7-2-2(a)所示的一次中断服务流程中,将功能 1 ~ N 完全按顺序执行一遍。这种结构的特点是流程较清晰,N 个功能的地位完全相同,不突出任何一个功能。这种结构要求 N 个功能的执行时间之和小于中断服务程序被允许执行的时间(如采样间隔)。当微机的运行速度较快,尤其是结合 DSP 技术后,完全可以采取顺序结构的方法来实现继电保护的功能。

(2)切换结构

在图 7-2-2(b)中,采用时切换的方法,每次的中断流程只执行 1 ~ N 功能模块中的一个功能。这种结构中,N 个功能的地位完全相同,不突出任何一个功能。每个功能模块在 N 次采样间隔中只执行一次。这种结构的采样间隔要小于顺序结构的采样间隔。如图 7-2-2(b)所示,P 为按功能模块 N 进行加法计数,每次中断流程中,均进行一次 $P+1$ 计数,当 P 计数到 N 时归 0,这样 P 就相当于分时切换开关的功能,控制着每次中断流程的走向,保证 1 ~ N 每个功能都能顺序执行到。

(3)混合结构

图 7-2-2(c)所示的混合结构介于顺序结构和切换结构之间,突出了 1 功能的实时执行,而 2 ~ N 的($N-1$)个功能采用分时切换执行的方法。这种结构要求 2 ~ N 功能中,最长执

行时间加上功能1的执行时间应小于采样间隔。由于2～N功能中，只有($N-1$)个功能，所以P按模式($N-1$)进行计数。

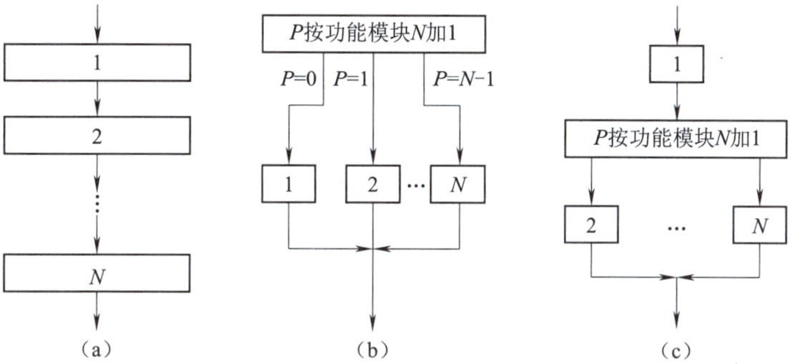

图7-2-2　程序流程基本结构

如果假设1,2,…,N功能的最长执行时间分别为$t_1,t_2,\cdots,t_N$，时间裕度为t_Y，那么仅就中断流程的执行时间来说，具体的采样间隔时间应满足以下要求：

①顺序法：$T_s>(t_1+t_2+\cdots+t_N)+t_Y$。

②切换法：$T_s>\max(t_1,t_2,\cdots,t_N)+t_Y$。

③混合法：$T_s>t_1+\max\{t_2,\cdots,t_N)+t_Y$。

三、微机保护装置的软件抗干扰措施

铁路供电系统在正常运行情况下，保护装置是不应该运行的；一旦发生故障，继电保护装置应迅速、有选择性地将故障设备从系统中切除。对于传统保护装置，在它不动作时，除了测量元件在监视系统状态外，其逻辑部分处于待命状态。逻辑电路是否存在隐患是无法知道的，只有在定期的检验中才能发现。微机保护使得实时在线检验成为可能。利用软件可实时检测微机保护装置硬件电路的各部分，一旦发现故障，立即闭锁出口跳闸回路，同时发出故障告警信号。因此，微机保护装置的可靠性较传统保护装置有了很大的提高。

1.自动检测

(1)EPROM芯片的检测

EPROM是紫外线擦除的可编程只读存储芯片，存放着微机保护的程序参数，实际上就是一些0和1的二进制代码，若某位或某几位发生变化，将会导致十分严重的后果。为此，应对EPROM中的内容进行检查。若发现错误，应立即闭锁保护，并给出告警信号。检查的方法目前有以下3种。

①补奇校验法。这种方法是事先求得一个校验字节(或字)并固化于EPROM的某个地址单元，运行过程中将EPROM的全部字节(或字)内容按位进行异或运算，当结果各位全为1时，说明程序内容正确；否则，为错误。

②循环冗余码校验法。这种方法是对程序代码的每一字节的每一位逐个进行校验，根据该位为0或为1来改变一个寄存器中的内容。将全部代码校验后，在该寄存器中产生的数据为CRC码(一种多项式编码方法)。在程序完成后，将此代码写入EPROM的最末地址单元。用户在执行这个命令时，将校验结果和原存于EPROM中的CRC码进行比较，若不

一致，则说明程序代码有变化。此种校验方法的误码检出率相当高，但耗时长。

③求和校验法。这是一种最简单的校验方法。将程序代码从第一字（或字节）逐个相加，直到程序的最末一个字（或字节），相加的和保留 16 位，溢出内容丢掉。这种方法将程序完成时的求和结果存在 EPROM 的最后地址单元。运行时重新按求和校验法，将求和结果与原存于 EPROM 中的内容比较，若不一致，说明程序发生代码变化或 EPROM 错误。

（2）SRAM 芯片的检测

SRAM 是一种静态随机存储器芯片，用于存放微机保护中的采样数据、中间结果、各种标志及各种报告等内容。在微机保护装置正常工作时，SRAM 的每个单元应能够正确读写，因此应对 SRAM 进行读写正确性的检查。这不仅可检查出 SRAM 芯片的损坏，还可发现地址、数据线的错误，例如两条地址线或数据线的粘连。检查的方法是选择一定的数据模式进行读写正确性的检查。一般是用 4 个内存型数据检查，即 00H、OFFH、OAAH、55H。将数据写入某个 SRAM 单元，然后再从 SRAM 单元读出，比较读出的内容是否与刚才写入的内容一致，如不一致，则说明 SRAM 出错。在微机保护装置刚上电时的全面自检，可对所有 SRAM 单元检查一遍。在运行过程中对 SRAM 进行自检时应注意保护 SRAM 单元的内容，否则会由于读写检查破坏有用数据，产生不良后果。

（3）EEPROM 芯片的检测

EEPROM 是一种电擦除、电改写的只读存储器芯片，用于存放微机保护的定值。对其进行检查的方法与对 EPROM 的求和尾数校验法相同。

（4）开关量输出电路的检测

开关量输出电路的自检功能应当设置在最高优先级的中断服务程序中，或者先屏蔽中断再检测。否则，如果在 CPU 发送检测驱动信号后被中断，就可能无法及时收回检测信号，从而导致继电器吸合。其检查的方法是送出驱动命令，读取自检反馈端的电位状态；送出闭锁命令，读取自检反馈端的电位状态。无论是驱动命令还是闭锁命令，如自检反馈的状态不正常，说明开关量输出电路有故障。

（5）开关量输入通道的检测

对开关量输入通道的检查主要是监视各开关量是否发生变位。由于保护动作（例如启动重合闸的开入量）或运行人员的操作（投退保护压板）均会引起开关量输入的变化，所以有开入变位不一定是开入回路有故障。因此，软件只监视这种变化，并在发生变化时给出提示信息，不告警。

（6）CPU 工作状态的检测

在多 CPU（或多单片机）系统中，一般采用相互检查的方法。例如，在有一个管理单片机和 N 个保护功能单片机时，它们之间必然要通过串行口通信。因此，可用一个通信编码实现相互联系，一旦这种联系中断，说明存在单片机故障或通信故障。

2. 数据采集系统的检测

数据采集系统的检测对象主要是采样保持器、模拟量多路开关、模数转换器和电流、电压回路。在对输入采样值进行抗干扰纠错时，常利用各模拟量之间存在的规律进行自动检测。如果某一通道损坏，将破坏这种规律而被检测到。例如，零序电流和零序电压通道，根据对称分量法，可由 A、B、C 三相电压求出零序电压，并且由 A、B、C 三相电流求出零序电流，然后分别与零序电压采样通道和零序电流采样通道的数据进行比较，可检测数据采集通道的故障，或电压互感器二次、电流互感器二次的不对称故障。其动作判据表达为

$$\dot{I}_{Ak}+\dot{I}_{Bk}+\dot{I}_{Ck}-3\dot{I}_{0k}\geqslant I_{DZ}$$

$$\dot{U}_{Ak}+\dot{U}_{Bk}+\dot{U}_{Ck}-3\dot{U}_{0k}\geqslant U_{DZ}$$

式中 $\dot{I}_{Ak}$、$\dot{I}_{Bk}$、$\dot{I}_{Ck}$——A、B、C 三相故障电流；

$\dot{U}_{Ak}$、$\dot{U}_{Bk}$、$\dot{U}_{Ck}$——A、B、C 三相故障电压；

$\dot{I}_{0k}$、$\dot{U}_{0k}$——零序故障电流、电压；

$\dot{I}_{DZ}$、$\dot{U}_{DZ}$——电流、电压检查门槛值。

为防止偶然的干扰造成数据条件满足，一般是连续一段时间满足上述判据，即判断为出错。

3. 其他软件抗干扰措施

(1)设置上电标志

微机保护装置中的单片机均设有 RESE 引脚，即复位引脚。当装置上电时，通过复位电路在该引脚上产生规定的复位信号后，装置进入复位状态，软件从中断向量地址单元取指令，程序开始运行。进入复位状态的方式除上面提到的上电复位外，还有软件复位(执行复位指令)和手动复位。手动复位是指装置已经上电，操作人员按下装置的复位按键进入复位状态的情况。上电复位称为冷启动，手动复位称为热启动。冷启动时需进行全面初始化，而热启动则不需要全面初始化，只需要部分初始化。为区别这两种情况，可设置上电标志。

(2)指令冗余技术

在单字节指令和三字节指令的后面插入两条空操作(NOP)指令，可保证其后的指令不被拆散。由于干扰造成程序“出格”时，可能使取指令的第一个数据变为操作数，而不是指令代码。由于空操作指令的存在，避免了把操作数当作指令执行，从而可使程序正确运行。对重要的指令应重复执行，例如影响程序执行顺序的指令(RET、RETI、LJMP 等指令)。

(3)软件陷阱技术

软件陷阱就是用引导指令强行使“飞掉”的程序进入复位地址，使程序能够从头开始执行。例如，在 EPROM 的非程序区设置软件陷阱。在 EPROM 的空白区为 FFH，对于 8031 单片机，这是一条数据传送指令：MOVR7，A。因此，若程序“飞掉”，进入程序区将执行这一指令，改变 R7 的内容，甚至造成死机。设置软件陷阱可以防止这种情况。对于 MCS-96 系列的单片机，FFH 是一条软件复位指令：RST。该指令刚好使程序从 2080H 的地址开始执行。

单片机一般可响应多个中断请求，单用户往往只使用较少部分的中断源。可在未使用的中断向量地址单元中设置软件陷阱，使系统复位。一旦干扰使未设置的中断得到响应，可执行软件复位或利用单片机的软件“看门狗”使系统复位。

(4)软件“看门狗”技术

在有些多 CPU 系统内部设有监视定时器。监视定时器的作用就是当干扰造成程序出格时使系统恢复正常运行。监视定时器按一定频率进行计数，当其溢出时产生中断，在中

断时可安排软件复位命令，使程序恢复正常运行。在编制软件时，可在程序的主要部位安排对监视定时器的清零指令，且应保证程序正常运行时监视定时器不会溢出。一旦程序出格，必然不会按正常的顺序执行，当然也无法使监视定时器清零。这样，经过短暂延时后，监视定时器溢出，产生中断，使程序从开始执行。

(5)密码和逻辑顺序校验

对微机保护装置来说，出口跳闸回路无疑是最重要的部分，因此在硬件和软件的设计中都十分重视其可靠性。除了在硬件上对跳闸出口电路设计了多重闭锁措施外，在软件上也设计了增加其可靠性的许多措施，主要是跳闸出口命令采用编码逻辑，而不是简单地清零或置1。在故障处理的各个逻辑功能块设置相应的标志，在判为区内故障后，发出跳闸命令前，逐一校验这些标志是否正确，只有全部正确才能发出跳闸命令。

(6)软件滤波技术

在微机保护装置中，可采用一些软件的手段消除或减少干扰对保护装置的影响。例如，根据分析相邻两次采样值的最大差别不超过 x，说明采样值受到干扰，应去掉本次采样值。对开关量的采集，为防止干扰造成的误判，可采用连续多次的判别法。此外，根据软件的功能和要求，在不影响保护的性能指标的前提下，采用中位值滤波法、算术平均滤波法、递推平均滤波法等，都具有消除或减弱干扰的作用。

任务实施

PWAE系列继电保护测试仪可以完成对交流或直流电压继电器、交直流电流继电器、功率继电器、频率继电器的动作值和返回值的测量，其系统配置见表7-2-1，主菜单如图7-2-3所示。使用微机保护测试仪完成对微机线路保护阻抗动作时间的测试。

表7-2-1　PWAE系列继电保护测试仪系统配置表

设　备	数　量	单位
主　机	1	台
便携式计算机(PW脱机系列为可选)	1	台
专用测试导线	1	包
电源插座	1	个
电源线	1	根
数据电缆	1	根
铝合金包装箱	1	个
软件安装光盘	1	张
使用手册	1	本

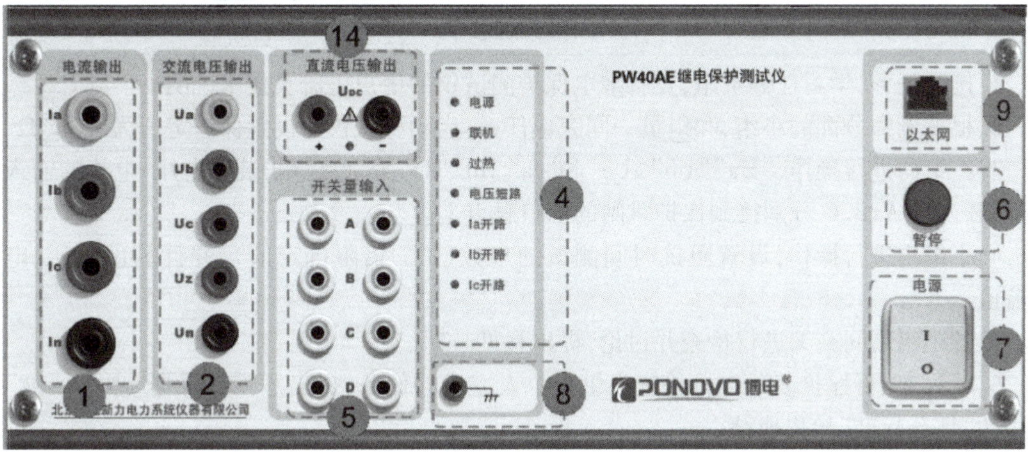

图 7-2-3　PWAE 系列继电保护测试仪主菜单

任务实施步骤
1. 接受任务,学习任务资讯,查看继电保护测试仪的用户手册及技术说明书。 2. 根据老师分配的小组,和组员一同完成任务:启动测试仪并设置保护定值为 $Z=2\ \Omega$。 3. 小组内进行操作,“Ua”“Ub”“Uc”和“Ia”“Ib”“Ic”分别接保护装置电压、电流的输入端,开入量 A、B、C 分别接到保护跳闸的出口触点上。 4. 小组内进行操作,设置阻抗时间测试的参数(0.7 倍阻抗定值),并计算出电压、电流值。 5. 各小组之间交叉进行检查并讨论,提出意见。 6. 填写“项目评价表”:老师检查小组与个人完成的任务,提出意见并根据“项目评价”中的“评分标准”给出成绩
实施记录:
小组意见与老师意见记录:

任务三　微机保护在铁路供电系统的应用

任务描述

根据铁路供电系统中微机保护装置的结构与特点，本任务主要分析牵引网、牵引变压器、并联电容补偿装置的微机保护配置方式。

任务资讯

微机保护装置（以下简称装置）是用高性能微处理机实现的成套装置。在研制过程中，执行相关国际、国家和行业标准，融合多年理论研究成果，吸取既有同类装置成功经验，采纳用户实际需要，融入新的设计思想。既可一种装置单独使用，又可多种装置组成牵引供电设施综合自动化系统。

一、结构和硬件

装置硬件采用整体面板和模块插件式结构，安装于插件组合式机箱内，插拔机构采用杠杆原理，具有方便省力、锁紧可靠等特点。机箱安装采用嵌入式安装方式，接线采用箱后接线方式，插件间连线采用印制板连接方式。

牵引变压器主保护装置、牵引变压器后备保护装置都是由交流变换插件（J1）、保护插件（J2）、信号插件（J3、J4）、出口插件（J5、J6、J7 分别对应牵引变压器的高压侧断路器和低压侧 α 相、β 相断路器）、接口插件（J8）和电源插件（J9）组成。装置的硬件结构如图 7-3-1 所示。

牵引网保护测控装置、并联电容补偿保护测控装置和动力变压器保护测控装置都是由交流变换插件（J1）、保护插件（J2）、信号插件（J3）、出口插件（J4）、接口插件（J5）和电源插件（J6）组成。装置的硬件结构如图 7-3-1 所示。牵引网保护和故障测距可综合运用一套硬件系统。

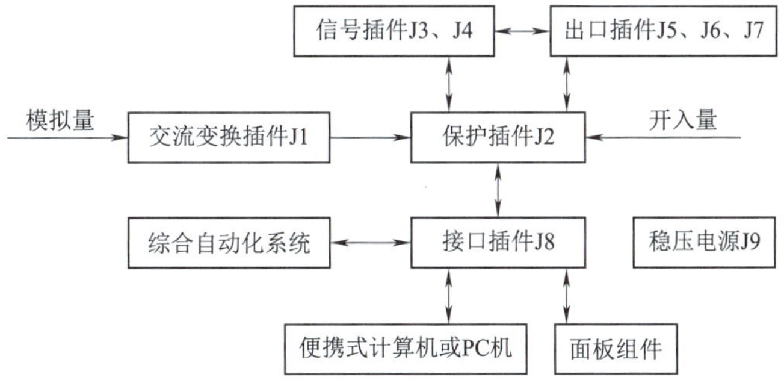

图 7-3-1　装置硬件结构（1）

1. 交流变换插件

交流变换插件采用电压、电流变换器，将电压、电流互感器二次侧的交流信号转换成 −10 ~ 10 V 的弱电信号，供 A/D 转换器采样。其中，电流变换器的饱和电流不小于 20 倍的额定电流。

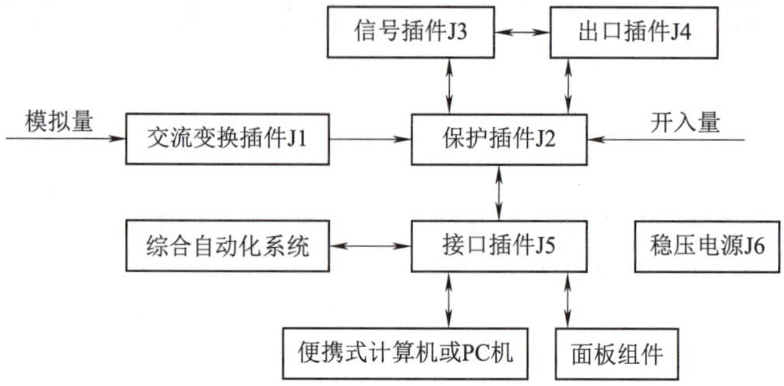

图 7-3-1 装置硬件结构(2)

2. 保护插件

保护插件是实现保护功能的核心,主要完成模拟数据采集、数据处理、逻辑判断、整定值存储、开关量输入/输出、通信等功能。本插件提供 16 个模拟信号输入通道。每个通道经二级阻容式低通滤波器输出到高速多通道的 A/D 转换器件,其原理框图如图 7-3-2 所示。

图 7-3-2 中,FLASH 存储器为快闪存储器(也称为快速擦写存储器),它对数据读写和存储的特点与并行 EEPROM 类似,但存储容量更大,可靠性更高。在微机保护测控装置中,它不仅可以用来存储程序和整定值,还可以存储需要保存的故障报告、事件报告、自检报告,以及故障录波、负荷录波等。SRAM 存储器为静态 RAM 存储器,它的作用和一般的 RAM 相同,也是用以存储采集数据、计算过程的中间结果、判定结果和标志等,但可靠性等性能优于一般的 RAM。

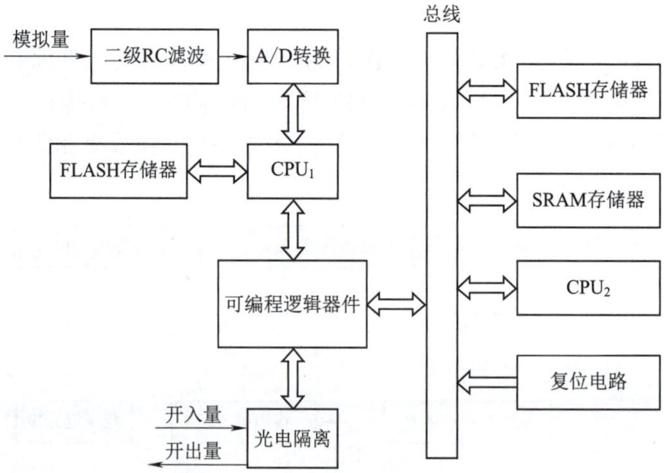

图 7-3-2 保护插件原理框图

3. 信号插件

信号插件由若干个信号继电器组成,能输出告警信号和各种保护元件动作信号,供当地、中央信号、检测和远动使用。

4. 出口插件

出口插件提供完整的断路器操作回路控制功能,如跳闸功能、合闸功能、防止跳跃功能等,并提供相应的触点信号,供当地、中央信号、远动和检测使用。

5. 接口插件和面板组件

接口插件通过串口与保护插件通信,实现装置内部数据交换;通过通信卡与监控机通信,实现保护装置的远方功能。接口插件与保护插件,采用查询方式通信。

接口插件和面板组件由 32 位 CPU、存储器、实时时钟等芯片组成。接口插件通过串口与试验仿真工具软件连接,实现试验仿真功能。其原理框图如图 7-3-3 所示。

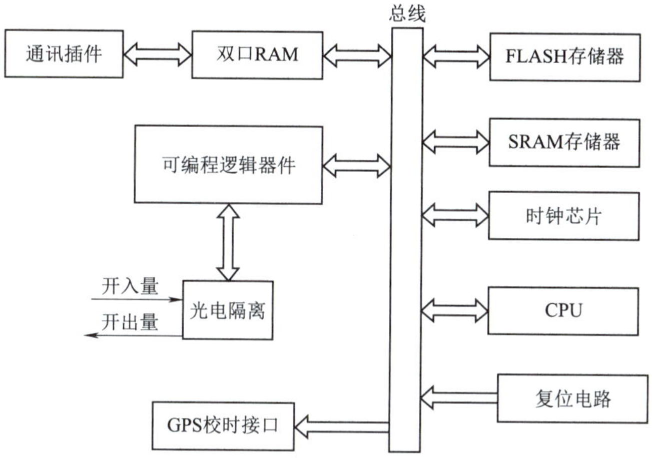

图 7-3-3 接口插件原理框图

在面板下部有 4 个指示灯,反映装置的当前运行状态,其意义分别如下所述:

(1)运行灯:当装置正常运行时,该灯有规律地闪烁,表示装置正常运行。

(2)通信灯:当装置通过通信卡与监控机通信时,该灯闪烁。

(3)跳闸灯:当保护跳闸后,该灯亮;当装置复归后,该灯灭。

(4)告警灯:当装置自检出现故障时,该灯亮,表示装置自检出错。

6. 稳压电源

稳压电源采用逆变开关电源,输入电压可选 DC 220 V 或 DC 110 V,输出电压分别为 +5 V(微机系统用),±15 V(数据采集系统用,也可用于通信系统),+24 V(开关量输入/输出电路、继电器逻辑电源用)和 +12 V(通信网络用),具有输出失电告警功能。

二、装置的功能

(1)自检报告:包括硬件自检(RAM、A/D、出口驱动等),软件自检(整定值校验、程序校验),通信自检。变压器微机保护装置还包括中间继电器误动、拒动。

(2)事件报告:包括保护由于扰动启动但未出口的信息,装置"上电"复位信息,整定值修改。

(3)故障报告:包括故障时间、故障类型、哪种保护元件动作、故障时的电气量(如电流、电压)等。

(4)通信功能:通信接口采用插卡方式,具有多种网络结构可供选择,支持采用光纤冗余自愈双环网结构,可以满足不同类型的变电所对通信网络的需求;一个标准的RS-232串口,用于通过便携机进行日常维护;一个标准的RS-485 GPS校时接口。

三、装置的特点

装置采用32位多CPU并行处理的高精度数据采集系统,电路板采用多层印制电路板布线技术和SMT表面贴装工艺,抗干扰能力强;对调度端、试验仿真工具软件完全透明化设计,便于实现远程诊断(动力变压器微机保护测控装置除外);具有故障录波、负荷录波和网络通信等自动化功能;高采样率的故障录波,牵引网微机保护测控装置还有高精度的故障测距,便于故障查找和保护动作行为分析;高采样率的负荷录波,便于分析负荷状况;完善的事件记录,便于分析保护动作行为和装置的工作情况;传动试验,便于检查二次回路接线的正确性;系列中各装置相同功能的插件具有互换性;控制回路断线定位到每个对象,便于维修与维护;装置通信接口采用插卡方式,具有多种网络结构可供选择,支持采用光纤冗余自愈双环网结构,可以满足不同类型的变电所对通信网络的需求;支持IEC60870-5-103等通信规约;可存储4~7套保护整定值,40次故障报告和故障录波;自动调整模入通道的增益和校正电压、电流互感器的相位差,提高测量精度;高标准的电磁兼容性能,可直接下放到开关设备;整定值可通过调度端,试验仿真工具软件在线整定;完善的自检功能,指示装置的工作状态;采用大屏幕彩色液晶(可选)显示,全汉化选单,操作方便;具有与GPS的一定格式的校时功能。

四、保护定值

整定时,未使用的保护功能应设为退出;使用的保护功能设为投入,并对相应的动作值和时限进行整定。整定值包括用户整定参数和系统整定参数两部分。

五、动作信息

在运行中,当保护动作或报警时,信息上传至人机接口和当地监控系统,故障报告中的动作信息主要包括:故障类型,故障发生的时刻,故障发生时的电压、电流(牵引网保护测控装置还包括阻抗值和阻抗角),故障发生前后电压、电流的波形和谐波分析数据。

六、断路器失灵保护

牵引网、并联电容补偿和动力变压器微机保护测控装置设有断路器失灵保护。

当装置发出遥控合闸(牵引网微机保护测控装置还包括重合闸)命令后,若断路器在整定时间(断路器合闸动作时间)内未动作,则给出断路器失灵信号。

当装置发出跳闸命令(保护跳闸或遥控跳闸)后,若断路器在0.5 s(保护跳闸)或整定断路器跳闸动作时间(遥控跳闸)内未动作,则给出断路器失灵信号,保护跳闸失灵时给出断路器失灵的事件报告。

当上述装置保护动作于跳闸而断路器失灵时,主变压器微机后备保护装置及其断路器作为远后备而动作跳闸,将故障电流切除。

任务实施

微机型继电保护、微机故障点测距和微机远动等装置的广泛应用及其显著优势，将保护、控制、测量、中央信号、通信、管理和远动等功能融于一体，采用分层结构的分布式多微机构成保护监控综合自动化系统。我国新建的电气化铁路和旧线改造的电气化铁路区段，牵引变电所已广泛采用综合自动化系统，其结构图如图 7-3-4 所示，分析其组成结构及应用方向。

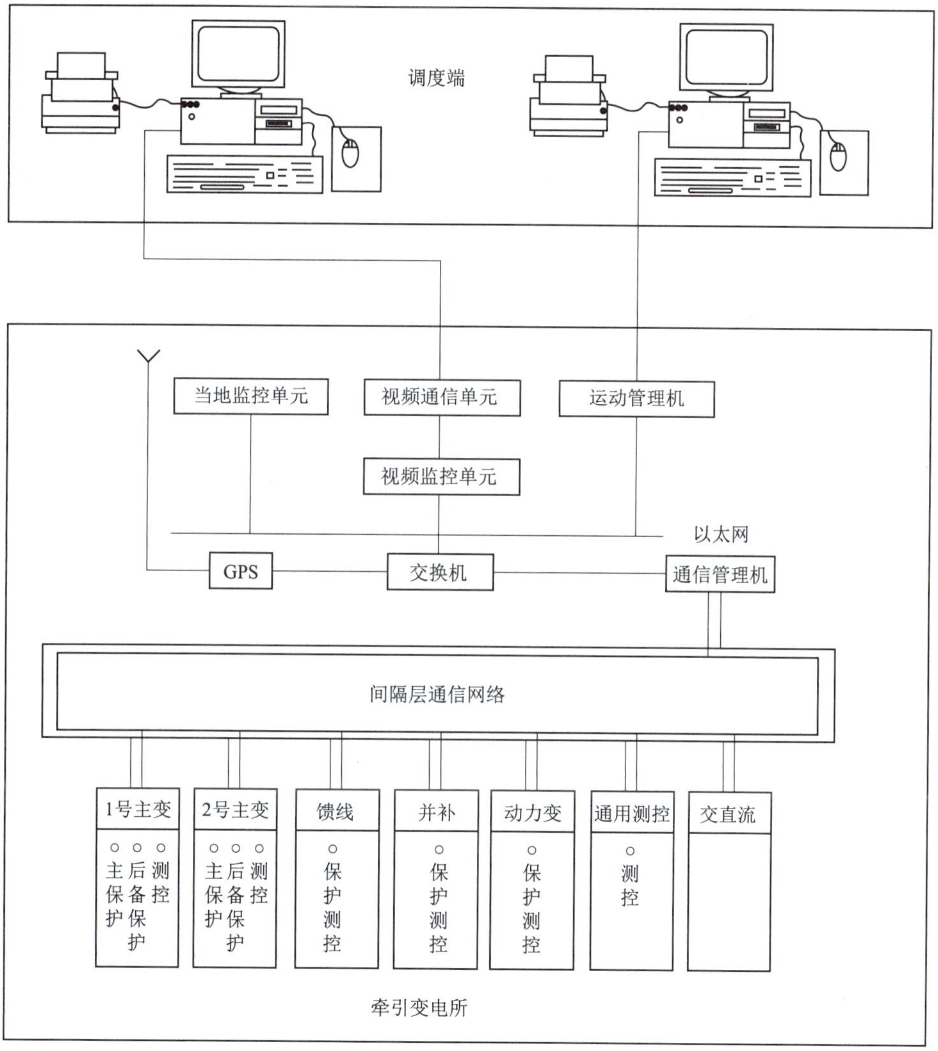

图 7-3-4 牵引变电所综合自动化系统结构

任务实施步骤
1. 接受任务,学习任务资讯,搜索并查阅与之相关的拓展文献资料。 2. 根据老师分配的小组,和组员一同完成任务分析综合自动化系统的组成结构。 3. 小组内讨论,总结整理微机继电保护装置在牵引变电所综合自动化系统中的应用方向。 4. 各小组之间交叉进行检查并讨论,提出意见。 5. 填写“项目评价表”:老师检查小组与个人完成的任务,提出意见并根据“项目评价”中的“评分标准”给出成绩
实施记录:
小组意见与老师意见记录:

项目评价

任务	任务内容	配分	评分标准	得分
任务一	微机保护装置的硬件构成	30	1. 继电测试仪上电启动错误，扣 10 分； 2. 进入路径和设置步骤错误，扣 10 分； 3. 万用表验证输出电压错误，扣 10 分	
任务二	微机保护装置的软件构成	30	1. 微机保护测试仪启动定值设置错误，扣 10 分； 2. 电压、电流和开入量接线错误，扣 10 分； 3. 微机保护测试仪参数设计与计算错误，扣 10 分	
任务三	微机保护在铁道供电系统的应用	20	1. 综合自动化系统结构分析错误，扣 10 分； 2. 微机保护装置的作用错误，扣 10 分	
学号			总分	

思考与练习

1. 简述微机保护硬件电路的构成及各部分的作用。
2. 简述采样保持器的作用。
3. 简述开关量输入输出系统的作用。
4. 简述微机保护软件的构成。
5. 试说明接口软件和保护软件的构成。
6. 简述微机保护装置采取的抗干扰措施。

参考文献

[1]常国兰,支崇玉.继电保护运行与调试[M].成都:西南交通大学出版社,2017.

[2]谭秀炳.铁路电力与牵引供电系统继电保护[M].成都:西南交通大学出版社,2020.

[3]杨利水.继电保护及自动装置检验与调试[M].北京:中国电力出版社,2014.

[4]谢珍贵,许建安.继电保护整定实例与调试[M].北京:机械工业出版社,2014.

[5]许建安,路文梅.电力系统继电保护技术[M].北京:机械工业出版社,2011.

[6]张建中.电力系统继电保护[M].北京:中国电力出版社,2011.

[7]芮新花,赵珏斐.继电保护综合调试实习实训指导书[M].北京:中国水利水电出版社,2010.

[8]王永康.继电保护及自动装置[M].北京:中国铁道出版社,2010.

[9]王敏,高爱云.继电保护运行与调试[M].广州:华南理工大学出版社,2012.

[10]陈小川.铁路供电继电保护与自动化[M].北京:中国铁道出版社,2010.

[11]柯志敏,索娜.继电保护基础[M].北京:北京交通大学出版社,2016.

[12]丁书文,贺军荪.变电站综合自动化技术[M].北京:中国电力出版社,2021.